Laura Arroyo / María Fernanda Barreto
Fernando Casado / Eneko Compains
Chris Gilbert / Ximena González Broquen
Arantxa Tirado / Luismi Uharte

Venezuela, del bloqueo al asalto

txalaparta

PRIMERA EDICIÓN DE TXALAPARTA
Febrero de 2026

EDITORIAL TXALAPARTA S.L.L.
Calle Mayor, 61-63
31001 Iruñea · NAFARROA
Tfno. 948 703 934
info@txalaparta.eus
www.txalaparta.eus

ISBN
978-84-10246-94-2

DL NA 389-2026

DISEÑO DE CUBIERTA
Mikel Tristan

COORDINACIÓN Y EDICIÓN
Mikel Buldain, Ander Perez y Ane Eslava

MAQUETACIÓN
Amagoia Arrastio Ágreda

IMPRESIÓN
Gráficas Iratxe
Polígono Agustinos, calle M, 5
31160 Orkoien · NAFARROA

txalaparta

Índice

Nota de la editorial

ESTE LIBRO NACE de una urgencia política. Venezuela no es una excepción en el tablero internacional, sino un síntoma: en su territorio confluyen las tensiones de un mundo en reordenamiento, el declive de una hegemonía dispuesta a todo para sostenerse y la voluntad de disciplinar a quienes ensayan caminos propios.

El ataque lanzado por Estados Unidos contra Venezuela el 3 de enero de 2026 –que incluyó bombardeos sobre infraestructuras estratégicas, el asesinato de población civil y el secuestro del presidente Nicolás Maduro junto a su esposa Cilia Flores– no es un hecho aislado ni imprevisible, sino un punto de inflexión que recrudece y hace visible una deriva que venía gestándose desde hace años.

Vivimos un momento en el que el derecho internacional ha dejado de operar como marco efectivo. La soberanía de los pueblos se viola abiertamente, la coerción económica se normaliza y la intervención militar se legitima mediante relatos mediáticos que distinguen entre víctimas aceptables y víctimas prescindibles, según su alineamiento con los intereses de las potencias occidentales. En este contexto, Venezuela ocupa desde hace tiempo un lugar central en ese laboratorio de nuevas formas de imperialismo sin tapujos, liderado por Estados Unidos y respaldado por la complicidad de las instituciones europeas.

Frente a un debate público dominado por la mentira, la desinformación y la manipulación, que han desplazado al análisis riguroso y la reflexión sosegada, este libro colectivo se sitúa deliberadamente del lado de la soberanía de Venezuela. No pretende ser neutral. Aspira, sin embargo, a ofrecer herramientas para comprender la agresión continuada que sufre el país desde los tiempos de Hugo Chávez, y muy especialmente la escalada abierta en 2025 y agravada en 2026: las sanciones, el bloqueo, la guerra comunicativa, la intervención militar directa y el intento de control externo de recursos estratégicos como el petróleo.

En Txalaparta entendemos la edición como una forma de intervención. Creemos que los libros pueden y deben generar reflexión, incomodar consensos y abrir espacios de pensamiento crítico, especialmente en momentos de gravedad como el actual. Ese es, para nosotras, el sentido de nuestro quehacer como editoras: dar altavoz a análisis rigurosos y honestos entre tanto ruido mediático, y hacerlo, además, de la mano de autoras y autores con quienes es un privilegio trabajar. Por eso, este libro ha sido concebido y trabajado asumiendo la urgencia del momento y la necesidad de intervenir cuando los análisis interesados colman el debate público.

Las autoras y autores que participan en estas páginas abordan este escenario incierto desde perspectivas diversas –la geopolítica, el derecho internacional, la comunicación, el poder popular, etc.–, desde distintos puntos geográficos y trayectorias políticas e intelectuales, pero con una misma voluntad: desmontar los relatos dominantes y situar lo que ocurre en Venezuela en el contexto más amplio de un orden mundial en crisis, marcado por el declive de la hegemonía estadounidense y el endurecimiento de sus estrategias de dominación.

Para Txalaparta, publicar este libro significa rechazar la equidistancia, señalar responsabilidades y afirmar que la soberanía de los pueblos no es negociable. Porque lo que está en juego en Venezuela no es solo su futuro, sino el precedente que se pretende imponer a quienes cuestionen el orden establecido.

Brutalidad imperial y despojo colonial

Luismi Uharte

«Los Estados Unidos parecen
destinados por la Providencia
a plagar la América de miserias,
en nombre de la libertad».

SIMÓN BOLÍVAR

LA AGRESIÓN MILITAR CONTRA VENEZUELA y el secuestro de su presidente el pasado 3 de enero supusieron otro salto cualitativo en la política de EE. UU. de asedio y derribo contra el país caribeño, que mostró descarnadamente la brutalidad imperial del Gobierno de Trump y la obsesión por volver a convertir a Caracas en una neo-colonia, como lo fue durante prácticamente todo el siglo XX, en el marco de la expansión petrolera.

Desde el boom del oro negro (el «excremento del diablo», como lo denominó Juan Pablo Pérez Alfonzo, padre de la OPEP, debido a su doble condición de bendición económica y maldición histórica), la economía venezolana fue tutelada por Washington. La transformación del país de una economía agraria a una petrolera en la segunda década del siglo XX se produjo bajo el clásico formato neocolonial de «economía de enclave», en el que el recurso principal del país –en este caso el petróleo– era controlado por el capital extranjero (un pequeño grupo de multinacionales). La dictadura de Juan Vicente Gómez (1908-1935) se encargó de garantizar a las compañías foráneas generosas concesiones que continuaron durante cincuenta años.

En los años setenta se produjo la nacionalización, caracterizada irónicamente como nacionalización «chúcuta» (deficiente, incompleta, en el lenguaje coloquial venezolano), ya que fue diseñada por las multinacionales para garantizar sus intereses. Según Carlos Mendoza Potella, además de recibir jugosas indemnizaciones, las petroleras extranjeras mantuvieron su participación en el negocio e incluso insertaron en la industria nacionalizada a sus antiguos gerentes, cooptando así a la nueva empresa estatal, PDVSA (Petróleos de Venezuela).

A fines de los ochenta y durante la década de 1990, en el contexto de las políticas neoliberales, se produce la denominada «apertura petrolera», que de facto fue una privatización progresiva y encubierta, y que se tradujo en una reducción de impuestos a las multinacionales y el secuestro de PDVSA por parte de la alta gerencia aliada con las petroleras foráneas (Bernard, Mommer), reduciendo incluso su aporte a las arcas públicas.

La naciente Revolución Bolivariana en los albores del siglo XXI supuso un giro radical en términos de soberanía nacional y petrolera, una anomalía histórica absolutamente inaceptable para el imperialismo. Por ello, tras la brutal agresión sufrida por Venezuela es fundamental poner el foco central de análisis en la política imperialista y en su objetivo de despojo colonial, y no desviarse hacia otros debates (traiciones, conspiraciones...) sobre los que no se dispone de suficiente información y que son más propios de especulaciones de taberna que del rigor analítico. El ataque, por tanto, hay que enmarcarlo dentro de las nuevas coordenadas de la geopolítica del imperialismo estadounidense (Borón, 2012) en relación a su «patio trasero» (América Latina).

El momento. ¿Por qué ahora? Hay que situar el ataque y secuestro del 3 de enero dentro de una secuencia larga que tiene como objetivo el derrocamiento del Gobierno venezolano y la recolonización del país. En cierta medida intenta replicar otras experiencias históricas en las que tras años de políticas de asfixia se generan las condiciones para la caída de un régimen. El caso del Irak de Saddam Hussein es paradigmático, ya que, tras una larga década de bloqueo y agresiones militares (durante los años noventa del siglo XX), se generaron las condiciones para la invasión, la destrucción del Estado baazista y la imposición de un régimen vasallo.

En el caso de Venezuela, la secuencia se puede dividir en dos fases bien definidas: la primera, durante el mandato de Chávez (1998-2013), y la segunda, durante el gobierno de Maduro (de 2013 hasta la actualidad). Si abordamos esta última, no hay que olvidar que tras la muerte de Chávez en 2013 y en época de Obama, Washington da un salto cualitativo en su política contra Venezuela y promueve un plan para destruir la economía venezolana, declarándole la guerra económica a través de un bloqueo (comercial y financiero) similar al que sufre Cuba, como ya señaló hace años Pasqualina Curcio. Un plan que en gran medida tuvo éxito y que provocó un éxodo masivo de millones de personas hacia diferentes países del continente, además de destruir sustancialmente las bases materiales del país.

La guerra contra el país no se desplegó solo en su vertiente económica, sino que se dio en todos los frentes, bajo el formato de guerra híbrida, en la que se combinan tácticas militares con métodos no convencionales (guerra psicológica, sabotajes...). En este sentido, hay que destacar las tristemente recordadas «guarimbas», acciones de violencia callejera que provocaron decenas de muertos (algunos quemados vivos) y destrucción de instituciones públicas, en las que llegaron incluso a quemar centros de salud. También hay que citar los sabotajes contra el sistema eléctrico y energético del país y los intentos de asesinato contra el presidente Maduro. En síntesis, una dura década de agresión intensa y permanente contra el país. Y si esto fuera poco, en los últimos meses la estrategia se radicalizó con el despliegue naval y militar más grande de las últimas décadas en el Caribe, el bloqueo y secuestro de barcos con crudo venezolano y el asesinato de más de cien personas en ataques aéreos contra embarcaciones.

Teniendo en cuenta todo esto, se puede deducir que se daban las condiciones objetivas (destrucción de las bases materiales) y subjetivas (cansancio y agotamiento de amplias franjas de la población por las carencias de la cotidianidad) para una agresión de este calibre.

De todas formas, es conveniente subrayar que el salto cualitativo que EE. UU. decide dar en el 2013 hay que evaluarlo dentro de un periodo más largo, de más de un cuarto de siglo (desde 1998 hasta la actualidad), durante el cual el imperialismo ha estado operando, con mayor o menor crudeza, para una restauración de la IV República (1958-1998). Una república conocida popularmente como el régimen de «Puntofijo» y que durante cuatro décadas fue funcional a los intereses de la oligarquía nacional, de las multinacionales petroleras yanquis y de la Casa Blanca.

La V República que surge en 1999, y que supone una ruptura con la histórica condición neocolonial del país, fue atacada incluso antes de su nacimiento, ya que la candidatura del Movimiento V República, liderada por Hugo Chávez, fue demonizada por los *mass media* norteamericanos. A su vez, durante los casi quince años de gobierno de Chávez (1998-2013), la geopolítica imperialista no dio descanso, ya que se sirvió de diferentes dispositivos para intentar que fracasara la nueva República inspirada en los principios del antimperialismo y la soberanía nacional. Los ataques más paradigmáticos de esta agresión permanente fueron los siguientes: los paros patronales para desestabilizar la economía nacional de 2000 y 2001; el golpe de Estado de abril de 2002 teledirigido desde la embajada; el sabotaje petrolero de fines de 2002 e inicios de 2003 que provocó una abrupta caída del PIB; los intentos por provocar una revuelta social que replicara las denominadas «revoluciones de colores» que se vivieron en algunos países tras la caída de Unión Soviética, a inicios del siglo XXI, y que fueron promovidas y financiadas por el imperialismo yanqui; la promoción del paramilitarismo en la frontera con Colombia y en los barrios populares de las principales ciudades del país para generar desestabilización, caos e inseguridad ciudadana; o el ataque a la moneda nacional (el bolívar) y el acaparamiento programado de alimentos y medicinas (para generar desabastecimiento y repudio social contra el Gobierno) que sufrió el país y, especialmente las clases populares, durante la última década de gobierno de Chávez hasta su fallecimiento. En resumen, 25 años de política imperialista que se radicaliza en la última década.

El momento también tiene que ver con razones domésticas de la política estadounidense, debido a la caída en la popularidad de Trump. El alto costo de la vida y los recortes a los programas de asistencia social han reducido su apoyo a poco más del 30 %. A su vez, las encuestas anuncian la derrota del Partido Republicano en las elecciones legislativas de medio término de noviembre de 2026. Por tanto, el clásico recurso a la política exterior vuelve a aparecer como posible tabla de salvación si consigue tener éxito en el ámbito internacional.

El ataque. Un tema sumamente complejo de evaluar en términos político-militares es el operativo militar del «día D» (tanto en su preparación sobre el terreno como en su implementación), ya que da pie a muchas interpretaciones y abona la guerra psicológica. De cualquier manera, en primera instancia es fundamental no menospreciar la capacidad de la principal potencia militar del planeta, tanto en su vertiente material y tecnológica como en términos de inteligencia militar. Su superioridad frente a la de un país del Sur es abrumadora y es determinante en la realpolitik.

La demostración de fuerza ha sido contundente, tanto en el día del operativo como en los meses previos, durante los cuales se realizó el mayor despliegue militar estadounidense en el Caribe en décadas: fuerzas navales (destructores, submarinos...), el buque de guerra más grande del mundo (el portaviones Gerald Ford), cazas, bombarderos y tropas con más de 10.000 efectivos. En cuanto a la operación, fue ejecutada por una unidad de elite del ejército (Delta Force) que estuvo escoltada por un centenar de aviones y drones. Destaca también el uso de tecnología de guerra electrónica muy avanzada que anuló los radares y el sistema de defensa venezolano.

Paralelamente, Venezuela ha evidenciado su debilidad en este terreno, no solo en lo material (donde la diferencia es abismal, y mucho más en los últimos años, debido al deterioro de la infraestructura militar producto del bloqueo), sino, sobre todo, en materia de contrainteligencia, al no haber detectado la infiltración de la CIA desde hace tiempo. A esto hay que agregar la variable de la «traición», imponderable en este momento, pero sin duda un factor ineludible en la ecuación. Respecto a esto último, hay que recordar la jugosa recompensa de cincuenta millones de dólares ofrecida por el Departamento de Estado por «información conducente al arresto» de Nicolás Maduro. El «éxito» de la operación se traduce en el secuestro del presidente y su esposa; los daños ocasionados en instalaciones del complejo militar venezolano (Fuerte Tiuna en Caracas, el aeropuerto militar de la Carlota...), en infraestructura portuaria, científica (Instituto Venezolano de Investigaciones Científicas) y edificios de viviendas; y el asesinato de más de un centenar de personas, entre las que se encuentran los 32 cubanos que formaban parte del «primer anillo» de la guardia personal de Nicolás Maduro.

Objetivos. Sin embargo, el éxito de la operación hay que relativizarlo, ya que no podemos olvidar que el objetivo estratégico de Washington es el cambio de régimen y la imposición de un nuevo régimen servil a los intereses económicos y geopolíticos de EE. UU. en el continente, eufemísticamente categorizados como «doctrina de Seguridad Nacional». Un nuevo régimen que garantice no solo el acceso a la mayor reserva petrolera del mundo sino también a una serie de minerales estratégicos abundantes en el país (oro, diamantes, bauxita, cobre, níquel, titanio, coltán...) y muy codiciados en la actual fase de disputa global por el liderazgo económico y tecnológico. A esto hay que agregarle también las cada vez más demandas «tierras raras».

La Casa Blanca no ha logrado por ahora su objetivo estratégico, a pesar de llevar intentándolo más de dos décadas. Las razones para explicar esto son diversas y de nuevo hay que darle más énfasis a uno u otro(s) factor(es) según el momento histórico. Durante la presidencia de Chávez, los factores determinantes que garantizaron la continuidad de la v República fueron, entre otros, las exitosas políticas de inclusión social, la masiva participación de las clases populares en la vida política, la incontestable hegemonía político-electoral del chavismo y la emergencia de un bloque progresista de poder regional conducido por Venezuela y Brasil.

Durante el gobierno de Maduro, a pesar de las devastadoras consecuencias en términos materiales de la guerra económica y del innegable desgaste de la base de apoyo popular al Gobierno, todavía se da una combinación de factores que ha permitido la sostenibilidad de la v República. Por un lado, el imperialismo convive con la paradoja de haber provocado una migración masiva que ha expulsado del país a millones de personas, de todas las tendencias políticas, pero especialmente un porcentaje sustancial de la base social de la oposición de derechas. Por eso, en los procesos electorales de los últimos años, los resultados de los votos en los consulados venezolanos de muchos países son marcadamente favorables a las candidaturas antichavistas. Paralelamente, la oposición ha demostrado de manera reiterada una incapacidad sorprendente para convertirse en un agente político con opciones de asumir la conducción del país. La agenda ultra y en muchos casos violenta del sector más radical le ha impedido crecer con más fuerza entre las franjas de población que se sitúan en el centro político y que podrían tener más disponibilidad para bascular su voto hacia el centro-derecha. Las políticas ultraliberales y de subordinación a EE. UU. capitaneadas por este sector no han sido hegemónicas en la cultura política que se ha ido configurando durante el presente siglo. A su vez, la fragmentación es una constante de los últimos años, lo cual ha provocado una dispersión de votos y de fuerza. El boicot promovido por los más extremistas no ha sido secundado por un sector más pragmático que ha participado en los últimos comicios y ha logrado representación en diferentes instituciones, además de pactos con el Gobierno.

En contraposición, el movimiento bolivariano sigue manteniendo una estructura política fuerte, amplia y unida, tanto en los puestos de liderazgo como en las bases. La sintonía discursiva, pocas horas después de la agresión y del secuestro, de la vicepresidenta Delcy Rodríguez, el ministro de Defensa Vladimir Padrino y el ministro del Interior Diosdado Cabello fue fundamental para transmitir una imagen de unidad en ese momento crítico. La rápida vuelta a la «normalidad» de los tres poderes del Estado fue otro factor decisivo, ya que casi de manera simultánea se reactivaron el poder ejecutivo (con la celebración del Consejo de Ministros/as), el poder legislativo (con la apertura del año parlamentario) y el poder judicial (con la designación como presidenta interina de la que era hasta entonces vicepresidenta, Delcy Rodríguez).

Esta fortaleza escenificada por los poderes públicos está acompañada por un movimiento de base que sigue articulando a miles de personas en todo el país: por un lado, en la militancia de base del Partido Socialista Unido de Venezuela; por otro lado, en el movimiento comunero que organiza a los sectores populares y que tiene presencia a lo largo de toda la geografía venezolana, tanto en los barrios populares de las grandes ciudades como en las zonas rurales.

A su vez, las Fuerzas Armadas mantienen su lealtad al Gobierno y al Estado y continúan siendo un actor decisivo para garantizar el actual *statu quo*. La depuración de la casta militar tras el golpe de 2002 vino acompañada de la instauración de la Doctrina Militar Bolivariana, impulsada por Chávez. La nueva doctrina supuso una auténtica revolución en relación a las Fuerzas Armadas, ya que de su concepción como un brazo armado de la oligarquía y del imperialismo pasaron a conceptualizarse como instrumento para garantizar la soberanía nacional. El hecho de que además se hayan convertido en un actor económico en los últimos años, gestionando importantes grupos empresariales, ha integrado a los militares con más consistencia en la trama del nuevo orden bolivariano.

Además, millones de personas han sido entrenadas en las milicias bolivarianas durante las dos últimas décadas, bajo el concepto de la «guerra de todo el pueblo», lo cual los ha convertido en un agente clave en la política de defensa del país. La articulación entre las Fuerzas Armadas y las milicias populares fue bautizada en los inicios de la Revolución Bolivariana como «unidad cívico-militar», y se ha convertido en un eje estratégico de la política de defensa del país.

En consecuencia, un escenario de gobierno «cipayo» o de invasión permanente podría provocar un caos poco funcional a los negocios de las transnacionales gringas. Una cosa es una «agresión quirúrgica» y otra muy distinta un cambio de régimen por la fuerza que exija tropas para garantizar la gobernanza imperial. Sin duda, las consecuencias de las invasiones de Irak y de Afganistán influyen en el cálculo de costo-beneficio que Washington hace en este momento respecto a una aventura militar.

Aunque el imperialismo no ha logrado su objetivo político-estratégico (cambio de régimen) es necesario enumerar una serie de objetivos de carácter económico que Washington buscaba con su agresión militar y que pretende materializar en el corto y medio plazo.

En primera instancia, EE. UU. pretende lograr un acceso preferencial al crudo venezolano, el cual había perdido de manera progresiva a lo largo del último cuarto de siglo. Aunque algunos/as analistas han relativizado la importancia del petróleo como razón para la agresión, esta sigue siendo una variable central de la ecuación. Es cierto que EE. UU. tiene un alto volumen de producción diario (más de trece millones de barriles), y que además dispone de unos suministradores estables (Canadá, México, Arabia Saudí...). Sin embargo, si mantiene el ritmo actual de consumo, sus actuales reservas se agotarían en un plazo de diez a quince años, por lo que necesita ampliar sus proveedores. En contraposición, las reservas venezolanas son las más grandes del mundo y podrían durar varias décadas, incluso en el caso de un aumento exponencial de la producción.

A esto hay que agregar el tipo de petróleo del que un país y otro disponen, ya que el crudo estadounidense, en gran medida producto del *fracking*, es ligero y con bajo porcentaje de diésel, esencial para la industria del transporte y los sistemas de calefacción. Venezuela, por su parte, dispone de un volumen importante de diferentes tipos de petróleo, no solo pesado y extrapesado (el de la Faja del Orinoco), sino también liviano y mediano. Aunque el crudo liviano y mediano representa apenas el 20 % del total, su volumen real (70.000 millones de barriles) es superior al de países productores como Brasil. En cuanto al crudo pesado y extrapesado, a pesar de sus conocidos inconvenientes, presenta también ventajas. Uno de los principales inconvenientes es que su pesadez dificulta la extracción y refinación. Además, se encuentra a mucha profundidad, lo que encarece su extracción. A su vez, el deterioro de las infraestructuras en los últimos años exige una inversión extra. Sin embargo, en el caso del crudo venezolano, tiene mayor porcentaje de diésel y es muy apropiado para la industria petroquímica, combustibles industriales, asfaltos, etc. Para más inri, algunas refinerías estadounidenses ubicadas en el Golfo de México fueron construidas para procesar crudo pesado, que en gran medida provenía de Venezuela.

Por otro lado, el factor geográfico es central, por la cercanía de Venezuela a EE. UU., al contrario de los grandes productores del Golfo Pérsico, que además de estar a una distancia mucho mayor están ubicados en una región extremadamente conflictiva y con más riesgo de bloqueos de rutas (los estrechos de Ormuz y de Mandeb). En síntesis, teniendo en cuenta el carácter «fósil» del proyecto económico de la actual administración estadounidense, la subordinación de Venezuela es vital.

En segunda instancia, Washington quiere volver a imponer a Venezuela el sistema del «petrodólar», ya que, en los últimos años, debido a las sanciones aplicadas por los propios

EE. UU., el país caribeño sustituyó el dólar por la moneda china (el yuan) para vender su petróleo al gigante asiático. Esto es algo inaceptable para el imperialismo ya que se pone en cuestión la hegemonía del dólar que se impuso en los años setenta. Hay que recordar que en esa época se instaura el sistema de pago de petróleo a nivel mundial a través del dólar estadounidense, lo cual le otorgó a EE. UU. la hegemonía monetaria en todo el planeta y un poder geopolítico descomunal. Se ha comprobado en la historia más reciente que cada vez que un país busca una moneda alternativa para comerciar petróleo, el imperialismo responde militarmente de manera contundente (los casos de Irak y Libia son los más paradigmáticos). A esto hay que agregar el uso de sistemas de pago alternativos al SWIFT, la principal red global de transacciones bancarias, bajo control de la banca occidental y especialmente de EE. UU. El uso del sistema chino CIPS para el comercio bilateral tampoco se podía tolerar. En consecuencia, la Casa Blanca busca disciplinar al Gobierno venezolano y reconducirlo al sistema del petrodólar y a su red de transacciones. De todas formas, es relevante mencionar que el proceso de desdolarización mundial, aunque lento y con muchas dificultades, se está empezando a dar y está siendo liderado por los BRICS.

Disputa geopolítica. El ataque a Venezuela también hay que evaluarlo en términos geopolíticos, porque se enmarcaría dentro de la nueva hoja de ruta que el Gobierno de Trump ha diseñado para los próximos tiempos. Para entender esto hay que revisar la «Estrategia de Seguridad Nacional» aprobada en diciembre de 2025, porque supone una reconfiguración radical de la estrategia estadounidense en términos geopolíticos. En primer lugar, aunque explícitamente EE. UU. no quiere reconocerlo, implícitamente empieza a aceptar el inicio del fin de su hegemonía mundial, lo cual le obliga a redefinir su estrategia. En segundo lugar, han llegado a la conclusión de que el orden mundial que se construyó tras la Segunda Guerra Mundial ya no es funcional a sus intereses, sino al contrario, favorece a su principal competidor, China. En consecuencia, el imperialismo ha decidido romper el viejo orden jurídico y priorizar el uso de la fuerza para posicionarse lo mejor posible en el nuevo orden emergente.

Ese nuevo orden supone el fin del unipolarismo gringo y la configuración de un mundo multipolar dividido en zonas de influencia, en las cuales una potencia ejerce su dominación. Implica aceptar, a regañadientes, las zonas de influencia de China y las de Rusia y, en consecuencia, garantizar el control estricto de su zona de influencia: lo que ellos denominan el «hemisferio occidental», y más expresamente el continente americano y, por supuesto, su histórico patio trasero, América Latina.

El repliegue a su «patio trasero» se materializa a través de una adaptación radical de la Doctrina Monroe al siglo XXI, lo que significa que la brutalidad imperial, cuando sea necesaria, garantizará la sumisión de los países de la región. El intento de disciplinar a Venezuela hay que entenderlo dentro de estas coordenadas. Conviene matizar que esa ruptura del orden internacional, para el caso de América Latina, no es nueva. De hecho, como acertadamente denunciaba un grupo de intelectuales progresistas tres días después de la agresión, América Latina no ha disfrutado mucho del llamado «orden mundial» porque fue tratada siempre como «frontera salvaje» frente al «mundo civilizado»; la diferencia ahora es que ya no se mantienen las formas discursivas porque la ultraderecha defiende públicamente un nuevo orden basado estrictamente en la fuerza.

Hay un plan claro para redefinir el mapa continental y derrocar o someter a los gobiernos díscolos. El avance de la agenda ultra de la Casa Blanca es indiscutible, con cada vez más gobiernos de extrema derecha afines (menos de un 25 % de los 33 países de América Latina y el Caribe están gobernados por fuerzas progresistas), por lo que las lecturas de algunos sectores de la izquierda que hacen de la necesidad virtud no ayudan mucho a entender el momento presente cargado de distopía. El hecho de que los EE. UU. no controlen en este momento los dos gigantes de la región (Brasil y México), les otorga cierto respiro a los movimientos progresistas, pero la restauración conservadora en su versión ultra es un hecho incontestable. Por lo menos, «por ahora», parafraseando al difunto comandante Chávez.

La aceptación de las zonas de influencia rusa, y, sobre todo, china, viene acompañada de un mensaje rotundo hacia estos países en relación a su presencia en América Latina: «el continente es mío y voy a restaurar mi dominación». El caso venezolano es paradigmático, por su importancia estratégica en términos de recursos energéticos y minerales, y por la relevante inserción de los citados países. La razón petrolera destaca aquí especialmente, ya que a día de hoy China compra más de dos tercios del crudo venezolano, mientras que EE. UU. recibe menos del 25 %, muy lejos de las cifras de los años noventa, cuando el país caribeño era su principal proveedor, por delante de Arabia Saudí. La afirmación del Stephen Miller, asesor de Seguridad Nacional de Trump y subjefe de gabinete, tras la agresión a Venezuela, es elocuente: «No podemos permitir que una nación de nuestro patio trasero sea proveedora de recursos para nuestros adversarios».

Posibles escenarios a corto y medio plazo. ¿Qué pasará? Resulta complejo predecir qué ocurrirá a corto y medio plazo porque hay muchas variables en juego y algunas muy volátiles. De cualquier manera, las pretensiones de la actual administración estadounidense son claras, como ya hemos señalado anteriormente, por lo que en este momento queda dilucidar qué nuevo tipo de relación se va a gestar entre ambos gobiernos. Hasta ahora, el bloqueo naval y el expolio en alta mar de crudo venezolano (secuestro de barcos al más puro estilo «piratas del siglo XXI») ha sido la principal carta de Washington. Sin embargo, tras la agresión militar y el secuestro de la pareja presidencial y, paralelamente, la continuidad de la institucionalidad del sistema político venezolano, las coordenadas han cambiado y parece que va a primar una fase de negociación/extorsión.

En esta nueva fase, aunque el Gobierno venezolano ha logrado sostenerse, es indudable que se encuentra en una posición muy complicada en todos los frentes. En primer lugar, porque tiene que mantener la unidad cívico-militar (doctrina oficial del chavismo desde hace un cuarto de siglo), ya que esta es la garantía de la estabilidad política interna. En segundo lugar, porque en el ámbito económico tiene que negociar con EE. UU. en un contexto muy desfavorable (bloqueo militar y comercial y amenaza de otra agresión militar de mayor calibre). Necesita lograr un acuerdo económico integral (que vaya mucho más allá de lo petrolero) que le permita subsistir y que sea medianamente coherente con un discurso de soberanía y de dignidad nacional.

Por ahora, pocas semanas después del ataque imperial, cada actor político se está reacomodando en el tablero en función de la correlación de fuerzas. El primer acuerdo comercial entre la estatal Petróleos de Venezuela y EE. UU. para la venta de crudo, por 2.000 millones de dólares, es un buen indicador del nuevo escenario que se abre. Pero, más allá de un acuerdo puntual de compra-venta, lo más relevante es que la Asamblea Nacional de Venezuela proyecta para el periodo 2026-2027 aprobar 29 proyectos de ley, entre los que destacaríamos dos: la reforma de la Ley Orgánica de Hidrocarburos y la nueva Ley de Minería.

En la Reforma de la Ley Orgánica de Hidrocarburos los «Contratos de Participación Productiva» serán clave, como el propio presidente de la Asamblea Nacional, Jorge Rodríguez, subrayó, ya que están diseñados para garantizar la rentabilidad de los inversores privados, especialmente en los denominados «campos verdes», en los que se requiere una fuerte inversión inicial. A su vez, la administración Trump también quiere el regreso de sus grandes transnacionales a la Faja Petrolífera del Orinoco, especialmente Exxon Mobil y ConocoPhillips, que decidieron voluntariamente marcharse hace veinte años (Chevron se quedó) debido a la nueva legalidad bolivariana de soberanía petrolera. En cuanto a la nueva Ley de Minas y Minerales, se busca atraer inversión extranjera e incrementar la producción de oro en un 30 % y de otros minerales estratégicos como el hierro, la bauxita o el carbón.

Trump continuará con su retórica de que él está administrando directamente el país, mientras que el Gobierno venezolano está obligado a mantener una narrativa de resistencia y soberanía. En la práctica, si no hay giros inesperados a los que nos tiene acostumbrados/as la actual administración yanqui, se presenta un escenario que podría categorizarse como de «win-win», ya que EE. UU. recupera terreno en Venezuela desplazando parcialmente a China, mientras que Venezuela aligera el bloqueo y el estrangulamiento (levantamiento de parte de las sanciones), mejora sus ingresos y reduce la amenaza. Y esto no es poco, en este momento histórico de brutalidad imperial.

Una brutalidad imperial que aspira a volver al pasado, a esa Venezuela sometida del siglo XX de la que nos hablaba en algunas de sus canciones Alí Primera, el «cantor del pueblo», como en aquella que decía: «Perdóneme, tío Juan, pero se ve que no sabe nada; las cosas que yo le digo se sienten en carne propia; que en tierra venezolana, el imperialismo yanqui hace lo que le da la gana».

Y, mientras tanto, la semilla que sembró la Revolución Bolivariana en sus primeros años, los consejos comunales, las comunas y el poder popular organizado en sus diferentes movimientos a lo largo y ancho del país, seguirá siendo la llama que mantiene viva la esperanza; la esperanza de los pueblos, de las clases populares, por otros mundos posibles y necesarios.

Texto publicado originalmente, en una versión más breve, en el diario *Gara*, el 12 de enero de 2026.

La guerra multiforme: colonialidad, agresión y resistencia

Ximena González Broquen

Introducción. La continuidad de la agresión colonial y el campo de batalla cognitivo

El camino de la agresión imperial contra Venezuela, trazado desde los primeros días de la Revolución Bolivariana, ha seguido una lógica incremental y una cartografía colonial predecible, pero multifacética. Esta ofensiva de espectro completo se desplegó desde un principio combinando intentonas de golpe de Estado, una guerra económica mediante medidas coercitivas unilaterales diseñadas para estrangular la vida de un pueblo, el financiamiento del terrorismo urbano de las guarimbas –donde se mandó a quemar viva a nuestra gente–, y un cerco financiero criminal. Este capítulo analiza el momento en que esa guerra de espectro completo, tras años de aplicación sistemática de la Doctrina del Shock, dio un salto cualitativo hacia su fase más explícita y brutal: el ataque militar directo y el secuestro de la máxima autoridad constitucional.

Este salto, sin embargo, fue precedido y habilitado por la batalla fundamental: la guerra cognitiva. Este es el nuevo y primordial campo de batalla colonial, donde se libra la lucha por nuestra subjetividad en un intento de colonizar la mente y el deseo. El imperio comprendió que para habilitar la violencia física total primero debía construir un enemigo abyecto en la imaginación global, replicando el patrón histórico-colonial de despojo: la construcción del otro como bárbaro, ilegítimo y peligroso. Esta operación discursiva, que Aníbal Quijano (2000) identificaría como parte constitutiva de la colonialidad del poder, se materializó en una guerra mediática para deslegitimar nuestra democracia y en el reciclaje de narrativas que, pasando del discurso de la democracia y los derechos humanos al del «narcoestado» y el «narcoterrorismo», buscaban producir un consenso donde la aniquilación o dominación del Sur se volviera moralmente aceptable. Esta batalla por el lenguaje y la narrativa es fundacional, pues el lenguaje es el primer territorio colonizado. Resistir con las palabras correctas es un acto de defensa de la realidad y de liberación epistémica. Cuando vieron que no nos rendíamos en este campo, que el pueblo no claudicaba y no lograban alienarnos, desplegaron su último recurso desesperado: la agresión militar directa.

Lo que aquí se narra y analiza no es un incidente aislado, sino la materialización violenta de un manual de dominación que busca reinstalar el poder colonial sobre Nuestra América. Es la culminación de una escalada que tiene como objetivo final el control total sobre los recursos, los cuerpos y las mentes del pueblo venezolano. Este momento, por tanto, debe leerse como un nodo sintomático donde convergen todas las líneas de fuerza de la agresión imperial del siglo XXI: la necropolítica que decide quién merece vivir, la guerra tecnológica que hackea la soberanía, la guerra cognitiva que busca colonizar el pensamiento y la trampa discursiva que intenta envenenar el debate revolucionario desde dentro. Desde Venezuela, como epicentro de la resistencia, se escribe no solo una crónica, sino una cartografía de la soberanía descolonial que emerge, como un fénix, del fuego del bombardeo.

1. Desde el epicentro: testimonio y análisis de la barbarie colonial

Escribo desde Caracas, desde el pulso de una ciudad que ha sentido el estruendo de las bombas en esa madrugada del 3 de enero y que ha sido testigo, en su carne, en sus huesos, de la barbarie que intenta reinstalar el colonialismo en su suelo. Escribo desde el dolor de quien ha visto cómo se pretende reducir a su presidente legítimo a la condición de botín de guerra. Pero también desde la fuerza de un pueblo que no se rinde. Mi palabra hoy la asumo como un acto de militancia académica, un ejercicio de pensamiento situado y comprometido, para compartirles nuestra realidad aquí en Venezuela desde el compromiso del pensamiento crítico descolonial.

Lo primero que debemos desmontar es el relato imperial del hecho aislado y limpio. Lo que hemos vivido no fue una operación quirúrgica sino la manifestación brutal, explícita y desesperada de la Doctrina Monroe, que nunca murió, sino que se recicló. Aquí personas fueron masacradas, tanto militares, venezolanos y cubanos, como civiles. Un sinfín de objetivos estratégicos y civiles en varias zonas del país fueron bombardeados y destruidos.

De esto les puedo dar un testimonio directo: el Instituto Venezolano de Investigaciones Científicas (IVIC), donde está mi centro de investigación, fue bombardeado por tener una antena repetidora. Este ataque a un centro de conocimiento no es un daño colateral; es un epistemicidio estratégico, un mensaje claro del imperio: buscan destruir nuestra capacidad de producir conocimiento, de pensar el mundo por nosotros mismos, reafirmando la vieja división colonial entre los que piensan y los que son pensados. El ataque militar que hemos vivido es la actualización perfecta del mito fundacional de la modernidad que justifica la violencia como un acto civilizatorio, ocultando su verdadero rostro: la política de muerte del imperio, la gestión del terror para garantizar su acumulación y hegemonía.

Paralelamente, los bombardeos deliberados que destruyeron contenedores con insumos para hemodiálisis en La Guaira, poniendo en riesgo inmediato la vida de miles de pacientes renales, constituyen la manifestación más cruda y criminal de la necropolítica como estrategia colonial. Esta thanatopolítica, en los términos de Achille Mbembe (2011), es la materialización del poder soberano del imperio para decidir qué cuerpos, qué poblaciones, merecen vivir y cuáles pueden ser dejadas morir, utilizando la muerte como un instrumento de gobierno y de terror. Estos no son «daños colaterales» como pretende la narrativa imperial del «hecho aislado»; son objetivos calculados dentro de una estrategia de terrorismo imperialista. Es un crimen de guerra que busca quebrar al pueblo a través de su sistema de vida, una violencia racializada que ataca a los más vulnerables porque sus cuerpos son considerados prescindibles dentro de la lógica colonial de la acumulación.

Esta práctica sigue la línea histórica de la esclavitud y el colonialismo, que siempre consideraron ciertas vidas como desechables, como meros instrumentos descartables para la extracción de valor. Representa la perversión absoluta del discurso humanitario: se crea una crisis deliberada para establecer un protectorado humanitario de intervención imperial. Más profundamente, busca la destrucción del tejido social mediante el terror y el dolor masivo, para generar una psicología de la rendición colectiva. Como analizan los feminismos descoloniales, esta es una forma de ataque al «cuerpo-territorio» (Espinosa Miñoso, Gómez Correal y Ochoa Muñoz, 2014), una categoría que afirma la politicidad del cuerpo colectivo como primer espacio de colonización y, por tanto, de resistencia. Este terrorismo es un crimen de lesa humanidad, un acto de genocidio gradual que revela la hipocresía absoluta de la narrativa imperial sobre derechos humanos.

Frente a este ataque, la respuesta no fue la parálisis, sino la acción organizada. Simultáneamente, la solidaridad latinoamericana se materializó con el envío desde Brasil de cuarenta toneladas de insumos médicos, un acto de hermandad que restituye lo destruido y reafirma que la salud se defiende con soberanía compartida.

Defender nuestro sistema de salud pública fue, por tanto, mucho más que una respuesta humanitaria; es un acto de soberanía corporal y colectiva, de protección del cuerpo-territorio-pueblo frente a la política de muerte imperial. Cada centro de diálisis protegido, cada hospital que sigue funcionando, es un territorio liberado en la lucha contra la necropolítica. La resistencia en este frente es la afirmación concreta de que nuestras vidas importan, de que somos sujetos de dignidad y no objetos desechables del cálculo colonial.

2. El secuestro presidencial: derrotando el espectáculo colonial y los rumores tóxicos

Y en medio de este ataque masivo, ocurrió el acto central que desnuda la esencia colonial de todo este operativo. Aquí, la precisión conceptual es un acto de resistencia. Debo corregir, con la fuerza de la verdad, un término que el imperio pretende imponer. Nuestro presidente constitucional, Nicolás Maduro Moros, y nuestra primera combatiente, Cilia Flores, no fueron «arrestados». Fueron violentamente secuestrados en su domicilio, violando todas las normas del derecho internacional. Esto no es retórica, es un hecho jurídico y político.

El imperio quiso montar el espectáculo colonial por excelencia: escenificar el cuerpo del líder demonizado, deshumanizándolo, reduciéndolo a botín y trofeo, humillándolo públicamente para demostrar el poder absoluto del amo. Era parte del guion hacer creer que todo ocurrió sin resistencia, que hubo traición. Pero les salió mal la jugada. La dignidad inquebrantable del presidente, su serenidad de gigante, convirtió su guion en un contra-espectáculo de liberación. Unos pocos gestos, al bajar de la aeronave que lo secuestró, desmontaron toda la puesta en escena del poder que necesita vejar para existir. Su actitud transmitió fuerza, lealtad y una entereza inquebrantable. Reveló la fragilidad del poder imperial, que se desmorona cuando no puede producir sumisión. Este contra-espectáculo fue nuestra primera gran victoria política frente a los bombardeos. Esa misma dignidad, esa calma de titán, la hemos visto en los relatos de su comparecencia ante el tribunal colonial en

Nueva York. Allí, frente a sus jueces ilegítimos, no se presentó un reo, sino un jefe de Estado. Con una actitud de firmeza inquebrantable, desmontó con su sola presencia la farsa judicial, convirtiendo el tribunal del imperio en un nuevo escenario de denuncia y resistencia.

La unidad como antídoto descolonial a la guerra cognitiva

Ahora, es primordial abordar los rumores tóxicos que el propio imperio ha esparcido: que no hubo resistencia, que Maduro pactó su secuestro para evitar un baño de sangre, o que hubo una traición en la cúpula revolucionaria. Estas narrativas no solo son falsas, sino que son armas de guerra cognitiva, clásicas en el manual de contrainsurgencia de la CIA, que sirven para generar desconfianza fratricida y hacer implosionar los movimientos desde dentro. Este método de «hackeo» de la confianza interna es una manifestación contemporánea de lo que Aníbal Quijano (2000) conceptualizó como la colonialidad del poder, que opera no solo mediante la fuerza física, sino a través de la subyugación de la mente y la voluntad colectiva. La estrategia imperial busca crear, mediante estos relatos, una subjetividad colonial interiorizada que reproduzca la fractura desde adentro.

Frente a esto es importante entender que la unidad del liderazgo bolivariano es firme y que no hubo traición en la cúpula. Esa unidad se encarnó en la juramentación serena y decidida de la encargada de la presidencia, Delcy Rodríguez, ante la Asamblea Nacional, el pueblo y todo el cuerpo diplomático internacional. Su firmeza al asumir la responsabilidad constitucional, rodeada de la lealtad de las instituciones y del pueblo, fue un acto de continuidad democrática revolucionaria que desmintió cualquier relato de fractura. Esta respuesta institucional serena constituyó, en sí misma, un acto de soberanía performativa que desarticuló el guion del caos y la ilegitimidad que el imperio pretendía imponer. Se vio a nivel político:

se instaló la Asamblea Nacional el día previsto en la constitución. Las calles están tranquilas, los abastos sin colas, la gente trabajando.

La soberanía corpóreo-territorial como práctica viva de resistencia

Esta soberanía corpóreo-territorial no es una abstracción, sino una fuerza viva que late en las calles. Las marchas diarias y multitudinarias que recorren las ciudades de Venezuela son la epidermis política de un pueblo resistente y activo. No son solo una respuesta al bombardeo material, sino la afirmación tácita de una fuerza popular indestructible. En cada consigna, en cada bandera, se teje la unidad de un pueblo que, unido por la fuerza de la vida, redibuja, paso a paso, calle por calle, su territorio como un espacio liberado de la psicología del miedo que el imperio pretende imponer. Esta reapropiación del espacio público desde la movilización colectiva encarna lo que el pensamiento afrodiaspórico y descolonial, en la línea de las teorías del «cimarronaje», entiende como la construcción de geografías de libertad desde la praxis de los oprimidos. Es la dignidad hecha cuerpo colectivo, demostrando que la verdadera soberanía reside en la capacidad de un pueblo para organizarse, movilizarse y defender su derecho a existir. Y el pueblo unido ha salido cada día para exigir la liberación de su presidente y de su primera dama.

3. La verdadera razón: una guerra de inteligencia artificial y sabotaje tecnológico

Entonces, ¿qué pasó realmente? ¿Cómo fue posible tal grado de precisión y penetración? La respuesta no está en la traición, sino en una nueva dimensión de la guerra colonial. El imperio desplegó por primera vez en nuestra región sistemas avanzados de inteligencia artificial para la guerra. No fue la delación de un general lo que permitió localizar y secuestrar al presidente. Fue la fusión de petabytes de datos: patrones de consumo electrónicos, firmas térmicas, comunicaciones encriptadas procesadas por sistemas de última generación. Estas plataformas, con algoritmos predictivos, permitieron anticipar comportamientos y ubicaciones con una precisión aterradora.

Paralelamente, ejecutaron un sabotaje tecnológico masivo: hubo apagones en varias partes de Caracas y se desmovilizaron electrónicamente radares, sistemas de comunicación y defensas antiaéreas que fueron neutralizados por medios electrónicos y cibernéticos. No fue falta de valor, sino una asimetría tecnológica explotada al máximo. La CIA no necesitó comprar a un general; compró y procesó datos, y saboteó redes. Este es el rostro del imperialismo en el siglo XXI.

Este hecho representa sin duda alguna el desenmascaramiento del plan imperial para nuestra región. Trump lo ha dicho claramente: luego viene Colombia, luego Cuba, luego México, Groenlandia... Este desembozado plan de expansión colonial contemporánea confirma la tesis de la «colonialidad del poder» (Quijano, 2000) como patrón permanente y reciclable del dominio global. La batalla que se anuncia, por tanto, es decisiva: la de la soberanía tecnológica. La respuesta debe ser la creación de sistemas propios de inteligencia artificial para la vida y la defensa de los pueblos. La defensa de nuestra soberanía pasa, inexorablemente, por la conquista de nuestra autonomía digital.

4. Las máscaras narrativas y la trampa discursiva del «petróleo traidor»

Pero lo que vivimos fue más allá de esto. En su primer discurso luego de los hechos, Trump dejó las cosas más que claras: se trata de lo único que les interesa: robar y controlar nuestras riquezas naturales y en particular nuestro petróleo. Somos el país con más reservas comprobadas del mundo. Lo que se presenta como misión moral (salvar, combatir, democratizar) es la cobertura ideológica de la acumulación por desposesión a escala global (Harvey, 2004). Desde una óptica descolonial, este concepto debe leerse como la reactualización de la colonialidad del poder (Quijano, 2000), donde el despojo de recursos, territorios y saberes de los pueblos del Sur perpetúa la lógica histórica de dominación racial y epistémica que sostiene la acumulación capitalista (Grosfoguel, 2013).

Nuestro petróleo, como antes nuestra plata, es la sustancia sobre la cual se edifica y renueva la colonialidad del poder. Este discurso no es novedoso; es la reactualización del mito fundacional de la modernidad/colonialidad. Como lo teorizó Enrique Dussel (1994), la modernidad occidental se erige sobre la negación del «otro» colonial como ser de razón y de derecho, justificando su despojo en nombre de una supuesta misión civilizatoria. El discurso de Trump es la versión descarnada y cínica de esta lógica: desecha el eufemismo «civilizatorio» para declarar abiertamente el despojo como fin último, revelando la verdadera matriz depredadora que subyace a la retórica imperial.

En este contexto de guerra total, emerge una dimensión igualmente crucial y deliberadamente envenenada por el discurso imperial: la política petrolera. Específicamente, el intento de caricaturizar cualquier transacción comercial con Estados Unidos como una traición o una capitulación. Esta narrativa no es ingenua; es un arma de la guerra híbrida, diseñada para fracturar la unidad revolucionaria y deslegitimar la soberanía económica desde dentro. El imperialismo ha reciclado sus mitos. Cuando el relato del «narcoestado» mostró su hilacha, la maquinaria propagandística ensayó una línea de ataque más sutil y corrosiva: la del «gobierno bolivariano claudicante» que «regala» su petróleo. Esta narrativa surge del mismo manual de guerra psicológica que busca minar la confianza interna y aislar a Venezuela incluso de sus aliados naturales.

Es imperativo comprender que, para el pensamiento colonial imperialista, el Sur Global solo tiene dos opciones: la sumisión total o la autarquía absoluta. Cualquier acción que escape a este maniqueísmo –como ejercer una soberanía compleja que incluye relaciones comerciales estratégicas– es inmediatamente patologizada como inconsistente o traidora. Este chantaje epistemológico busca privarnos de la agencia para tomar decisiones tácticamente necesarias en un mundo interdependiente, bajo la amenaza constante del purismo revolucionario, un lujo que solo puede darse quien solo piensa la revolución, sin vivirla jamás en carne propia, con bombardeos y bloqueos.

Desmontando la trampa: hacia un concepto descolonial de soberanía económica

Frente a esto es necesario desarticular el mito del discurso imperial: ni regalo, ni ruptura, sino comercio soberano. La verdad histórica es contundente. La interrupción de ventas a EE. UU. no fue una decisión del Gobierno Bolivariano, sino el resultado directo de medidas coercitivas unilaterales ilegales –las sanciones– impuestas por Washington. La narrativa del «regalo» es un insulto a la inteligencia y una manipulación burda. Como miembro fundador de la OPEP, Venezuela siempre ha defendido la estabilidad de los precios justos. La cesta OPEP, referencia de nuestro crudo, se cotiza en el mercado internacional. Cualquier acuerdo se realizaría a estos precios de mercado internacional, no como un regalo o una entrega. Este ejercicio de soberanía económica compleja nos exige trascender la concepción liberal-westfaliana del Estado como único sujeto soberano. Como propone Catherine Walsh (2013), la soberanía descolonial es una praxis colectiva, un ejercicio de autodeterminación que se construye desde los pueblos, en defensa de la vida y en diálogo con el mundo, no un atributo rígido que nos condena al aislamiento o a la capitulación. Esta praxis encuentra un antecedente fundamental en el pensamiento de Patrice Lumumba, para quien la independencia política era un cascarón vacío sin la recuperación efectiva de la soberanía material sobre los recursos, el verdadero sustento de la autodeterminación nacional (Lumumba, 1961).

Debemos entender esto dentro del marco más amplio de lo que se conceptualiza como el complejo extractivista integral del siglo XXI. Sí, el petróleo venezolano es un botín material obsceno y evidente, pero hoy la agresión busca controlar un paquete extractivo en su totalidad que incluye: 1) Recursos geoestratégicos convencionales; 2) Bienes comunes digitales y cognitivos (nuestros datos, información biométrica, el saber ancestral patentado); y 3) La energía social y subjetividad de nuestros pueblos. El interés último es impedir el surgimiento de un bloque histórico descolonial antiimperialista en Nuestra América. No es solo una guerra por recursos; es una guerra por el futuro, por el derecho a existir como proyecto civilizatorio alternativo.

Por tanto, la cuestión central no es «vender o no vender» a un comprador histórico. La cuestión estratégica es: ¿bajo qué términos, a qué precio y con qué fin se ejerce el derecho soberano a comerciar? La Revolución Bolivariana, en su momento álgido, usó la renta petrolera para financiar misiones sociales, impulsar el ALBA y tejer una diplomacia de solidaridad Sur-Sur. Ese es el modelo a defender y restaurar. Hoy, en medio de una agresión sin precedentes, la defensa de la soberanía pasa también por tomar decisiones tácticas complejas que preserven la capacidad de lucha a largo plazo. Una transacción comercial a precios de mercado genera recursos para sostener el sistema de salud bajo bombardeo, para sostener los proyectos comunales, para fortalecer la defensa; no es claudicación: es estrategia de resistencia en condiciones de guerra asimétrica.

Quienes repiten acríticamente la narrativa de la «traición petrolera» están, quizás sin querer, aceptando los términos del debate impuestos por el imperio. Nos fuerzan a elegir entre un aislamiento económico inviable (que debilita al pueblo) y una rendición política (que entrega la soberanía). La verdadera posición revolucionaria, descolonial, es rechazar este falso dilema y afirmar el derecho a manejar nuestros recursos con pragmatismo soberano, transparencia y apego irrestricto al interés nacional.

5. La geopolítica de las reacciones: dos mundos, dos epistemologías y la jerarquía colonial de las soberanías

La reacción global ante este evento ha sido profundamente dicotómica y reveladora de la geopolítica del conocimiento y del poder. Desde el Norte Global, en particular desde los centros de poder mediático, académico y político alineados con el imperio, se ha observado un silencio cómplice, una justificación solapada bajo eufemismos jurídicos o, en el mejor de los casos, una condena tibia y abstracta que no nombra la agresión por lo que es: un crimen de lesa humanidad y una violación flagrante de la soberanía. Esta reacción –o la falta de una contundente– no es casual. Es el reflejo de una matriz colonial del poder y del saber que aún opera: el Sur Global es visto como objeto de estudio, de intervención y de explotación, nunca como sujeto pleno de derecho y de historia. Como argumenta Aníbal Quijano (2000), la colonialidad del poder establece una jerarquía global racializada donde los conocimientos, las culturas y los cuerpos de los pueblos del Sur son sistemáticamente devaluados y subalternizados. Las voces críticas del Norte son marginalizadas, acalladas por el ruido de la maquinaria propagandística que naturaliza la violencia imperial.

En cambio, desde el Sur Global, la reacción ha sido de una contundente solidaridad y de una denuncia clara. Los pueblos, los intelectuales orgánicos, los movimientos sociales y muchos gobiernos del Sur han identificado inmediatamente este evento como un eslabón más en la cadena histórica de agresiones coloniales. No hay ambigüedad semántica: se nombra como secuestro, como invasión, como barbarie. Esto evidencia una epistemología distinta, una praxis del conocimiento arraigada en la experiencia histórica compartida de la dominación. El Sur Global posee una memoria corporal de la violencia imperial que le permite diagnosticar con precisión y sin ilusiones la naturaleza de estos actos.

Esta brecha en las reacciones revela dos cosas fundamentales sobre el poder global y las políticas del conocimiento. Primero, confirma que el llamado «orden internacional basado en reglas» es, en la práctica, un orden imperial donde las reglas son aplicadas de forma selectiva y jerárquica. El conocimiento producido en y para este orden sirve para racionalizar y legitimar esa jerarquía, deshumanizando a las víctimas y patologizando su resistencia. La objetividad científica y la neutralidad jurídica del Norte son, en este contexto, dispositivos de poder que invisibilizan su propia localización geopolítica e histórica, presentando como universal una perspectiva particular y dominante.

Segundo, demuestra que la verdadera heterarquía del saber, la que puede desmontar las narrativas hegemónicas, se está produciendo desde el Sur Global y desde los márgenes del Norte. Este evento ha catalizado un proceso de desprendimiento epistémico: ya no se busca el reconocimiento o la validación de los centros del poder intelectual del Norte, sino que se afirma una soberanía cognitiva desde la cual se interpreta, se juzga y se actúa. La política del conocimiento se convierte, así, en un campo de batalla esencial. Mientras el imperio invierte en guerra cognitiva para producir consentimiento, el Sur Global y sus aliados debemos fortalecer nuestras redes de pensamiento crítico para producir conciencia y solidaridad insurgente. El desafío es construir una «comunidad interpretativa transnacional del Sur» que, más allá de los estados, genere sus propias categorías, sus propios canales de verdad y sus propios protocolos de solidaridad efectiva. Esta es la esencia de una geopolítica descolonial del conocimiento (Mignolo, 2011): desvincular la producción de saber de los imperativos del poder imperial y anclarla en las luchas y las experiencias de los pueblos oprimidos.

Esta agresión desnuda el principio ordenador, racial y colonial, del llamado «orden internacional». Profundicemos en estos análisis. La aparente dualidad –por la cual la soberanía de algunos parece negociable y la de otros intocable– no es una anomalía del sistema; es su principio ordenador fundacional, racial y colonial. El sistema interestatal moderno nació como un club de estados «civilizados» (europeos y blancos) cuya soberanía era absoluta, mientras se negaba toda subjetividad política a los pueblos de África, Asia y América, considerados *terra nullius* o salvajes. Esta matriz colonial del poder persiste hoy bajo nuevos ropajes discursivos.

Existe una jerarquía de soberanías. La del Norte Global es dura, sacralizada por un corpus legal y una potencia militar que la hace fáctica. La nuestra es tratada como blanda, condicional, deficitaria y sujeta a vigilancia y tutelaje perpetuo. Esta condicionalidad se administra mediante un discurso que patologiza nuestras decisiones soberanas. Cuando ejercemos el derecho a nacionalizar recursos, se nos tilda de «populistas irresponsables»; si nos armamos para defendernos, somos una «amenaza autoritaria»; si elegimos gobiernos no alineados, somos «estados fallidos» o «dictaduras». Instituciones multilaterales, frecuentemente capturadas por estas lógicas, actúan como notarios de esta jerarquía, aplicando un doble rasero flagrante. La soberanía, así, se convierte en un privilegio que el Norte otorga condicionalmente a las élites dóciles del Sur, y que retira cuando los pueblos desafían el orden extractivista.

Hacia una soberanía descolonial: más allá del modelo westfaliano

Ante esto, nuestra lucha no puede limitarse a reclamar una soberanía westfaliana que siempre nos fue negada por diseño. Debemos descolonizar el concepto y construir una soberanía descolonial y corpóreo-territorial: una que emane de la voluntad colectiva de los pueblos y se ejerza en defensa de la vida, no como un atributo abstracto y excluyente del Estado-nación. Esta concepción encuentra eco en el pensamiento de Catherine

Walsh (2013), para quien la praxis descolonial implica la defensa y construcción colectiva de la vida, del territorio-cuerpo, como acto político primordial que desborda las instituciones estatales. Desde el feminismo descolonial, Yuderkys Espinosa Miñoso (2014) nos recuerda que el cuerpo es el primer territorio donde se libra la batalla contra la colonialidad, y su defensa colectiva es el fundamento de cualquier soberanía verdadera. Esta concepción dialoga con las luchas y epistemologías indígenas por la autonomía territorial, que proponen formas de soberanía relacional y no estatal, como refleja el pensamiento «ch'ixi» de Silvia Rivera Cusicanqui (2010). La dignidad de nuestro presidente secuestrado ante el tribunal ilegítimo, como prisionero de guerra, y la calma organizada del pueblo en las calles son la encarnación viviente de esta soberanía otra.

6. La disputa decisiva: la soberanía cognitiva como corazón de la liberación

Como lo he dicho, mi análisis no pretende ser desencarnado; al contrario, se erige desde mi propia experiencia vivida y pensada. Desde ahí es que veo el ataque al Instituto Venezolano de Investigaciones Científicas (IVIC) en el cual hago vida como lo que nos señala el campo de batalla definitivo: la disputa por la soberanía cognitiva. Este fue un epistemicidio con bombas reales, un ataque estratégico cuyo objetivo no era un edificio, sino aniquilar un nodo de inteligencia colectiva autónoma. Es la continuación, por otros medios, del proceso histórico por el cual la modernidad colonial se erigió declarando todo saber no-europeo como superstición o folklore. Este ataque no es un hecho aislado; es el intento de reactivar, en el siglo XXI, la misma lógica fundacional de los cuatro grandes genocidios/epistemicidios que, según Ramón Grosfoguel (2013), sentaron las bases del sistema-mundo moderno-colonial: la conquista de Al-Ándalus, la conquista de América, la esclavización africana y la caza de brujas en Europa. Lo que hoy sufrimos en Venezuela es la actualización de ese patrón: una agresión multidimensional que busca, mediante la desposesión material (petróleo) y el exterminio cognitivo (bombas al IVIC), reafirmar la jerarquía racial/sexual del poder y del saber, negándonos nuevamente el derecho a existir como sujetos plenos de conocimiento y de historia. Hoy, ese epistemicidio adopta formas brutales (bombas) y sutiles a la vez: el extractivismo cognitivo que patenta saberes ancestrales, la hegemonía de métricas académicas eurocéntricas, que funcionan como un apartheid intelectual, y la fuga de cerebros inducida por el asedio económico.

Sin soberanía cognitiva, la independencia política es un espejismo, porque se sigue pensando con la cabeza del opresor. Este axioma descolonial encuentra su fundamento en Frantz Fanon (1961), quien en *Los condenados de la tierra* analizó cómo la liberación nacional requería inexorablemente de una liberación mental, de la creación de un pensamiento nuevo, liberado de los marcos impuestos por el colonizador. Walter Mignolo (2011) amplía esta noción al hablar de «epistemicidio» y de la necesidad de un «pensamiento fronterizo» que opere desde los márgenes de la modernidad para descolonizar el saber. La ciencia que defendemos aquí, en Venezuela, es una ciencia constitucional y comprometida, un bien público al servicio de la transformación social, en diálogo con los saberes populares. La Constitución de 1999 consagró la ciencia, la tecnología y el conocimiento como bienes públicos y derechos humanos en su artículo 110, estableciendo un vínculo indisoluble entre soberanía cognitiva y soberanía popular.

Esta es la batalla por el derecho a producir teorías propias, a definir nuestras agendas de investigación –soberanía alimentaria, medicina intercultural, tecnología apropiada– y a construir sistemas de validación del conocimiento propios. La Alianza Científico-Campesina es un modelo fundante de esta praxis epistémica comunal y descolonial: no es una mera transferencia de información, sino un espacio donde la ingeniera y el agricultor cocrean conocimiento para rescatar semillas y diseñar agroecologías desde una lógica de reciprocidad. Esta ciencia tiene un mandato claro: debe estar al servicio de la transformación social, dialogar con los saberes populares y ancestrales, y ser herramienta del poder popular para la construcción del horizonte del Estado comunal. La batalla por un satélite propio, por una epistemología propia, es tan crucial como la batalla por un campo petrolero. Es la batalla por el derecho a imaginar y construir nuestro futuro desde una epistemología otra, en el marco de una necesaria «ecología de saberes» (Santos, 2010) que democratice el conocimiento.

7. La respuesta necesaria: tareas urgentes y la forja de una solidaridad inteligente

Frente a esta arremetida multidimensional, la comunidad académica crítica del Sur Global tenemos tareas urgentes y concretas, que son la materialización de los frentes de batalla antes descritos.

Primero: descolonizar el derecho y la gobernanza global. Debemos exponer cómo el derecho internacional hegemónico ha sido históricamente un instrumento de legitimación del colonialismo. Los organismos multilaterales internacionales deberían cumplir con su papel y exigir la aplicación del derecho internacional sometiendo a los EE. UU. y a su presidente a juicio. Sin embargo, la historia nos muestra que estas instituciones están estructuralmente viciadas por la colonialidad. Por ello, la respuesta debe ser doble: exigir responsabilidad a estas instituciones mientras se construyen con urgencia espacios pluriversales de gobernanza global desde el Sur, dotados de mecanismos reales de defensa colectiva y justicia alternativa.

Segundo: alcanzar la soberanía tecnológica y cognitiva. El ataque y el uso de inteligencia artificial en contra nuestra marcan la ruta de una batalla decisiva. La defensa de nuestra soberanía pasa por la conquista de nuestra autonomía digital y la creación de sistemas propios de inteligencia artificial para la vida y la defensa. Esto es inseparable de la defensa de nuestra capacidad de producir conocimiento.

Tercero: defender la unidad y no alimentar rumores. La Revolución Bolivariana es una fuerza política unida. Las calles de Venezuela, la instalación de la Asamblea Nacional, la juramentación de Delcy Rodríguez y la calma digna del pueblo lo demuestran. Aquí no hay división, hay resistencia heroica. Debemos rechazar cualquier narrativa que busque fracturar esta unidad, ya sea la de la traición interna o la del «petróleo traidor».

Cuarto: movilización global con objetivos claros. La solidaridad debe ser operativa. Exigir la liberación inmediata e incondicional del presidente y de la primera combatiente. Denunciar la barbarie de esta intervención, haciendo ver que no se trata solo de Venezuela, sino de no permitir que se siente un precedente que, de quedar impune, serviría de jurisprudencia para la política imperial en nuestra región. La solidaridad debe transcender la protesta y constituirse en una red global de protección y defensa de la soberanía de los pueblos, entendiendo que la batalla por Venezuela es la batalla por el futuro de la autodeterminación en el Sur Global.

Venezuela como síntoma y laboratorio del imperialismo del siglo XXI

Frente a la agresión de espectro completo, el legado de Bolívar nos convoca a la unión concreta. Venezuela es el epicentro sintomático y el laboratorio de avanzada de la política sistemática de colonización imperial del siglo XXI. No es un caso aislado; es el eslabón más visible de una cadena histórica cuyo manual se ha aplicado de forma reiterativa a lo largo y ancho de nuestra América. Esta noción de Venezuela como «laboratorio» adquiere profundidad desde la teoría descolonial. El país se convierte en el espacio donde se prueba y perfecciona la combinación más completa de las tácticas de la guerra híbrida imperial, precisamente porque encarna un proyecto político que desafía abiertamente la colonialidad del poder global. Si este ensayo general de dominación triunfara, el manual se aplicaría, con las adaptaciones necesarias, a Cuba, a Nicaragua, a Bolivia, a cualquier nación que ose defender su soberanía. Por eso, la defensa de la República Bolivariana es la línea de frente ineludible de la soberanía latinoamericana y caribeña.

Necesitamos materializar la unión bolivariana mediante una arquitectura concreta de soberanía compartida: un sistema financiero y monetario alternativo, una red tecnológica y de comunicaciones autónoma, un escudo jurídico contra el lawfare y, fundamentalmente, una infraestructura común de conocimiento liberador. El envío de insumos médicos desde Brasil es un ejemplo embrionario y vital de esta arquitectura en acción.

Debemos construir una Red por la Soberanía y la Liberación Cognitiva del Sur Global –una verdadera Internacional del Conocimiento Liberador– que establezca sistemas de protección epistémica y jurídica transnacional, que actúe como custodio proactivo de quienes construyen conocimiento crítico.

La solidaridad con Venezuela debe ser una solidaridad inteligente y matizada. Debe entender que la batalla se libra también en los intrincados terrenos de la economía política global. Apoyar al pueblo venezolano es defender su derecho a tomar decisiones complejas de supervivencia y a comercializar sus recursos sin que eso sea usado como un látigo para flagelarlo desde dentro y desde fuera. Es defender la soberanía como praxis existencial: el quehacer constante de un pueblo para existir, resistir y (re)existir como sujeto histórico.

8. Conclusión. Un antes y un después forjado en la dignidad y la ofensiva del pensamiento

Una última reflexión. Esta agresión está catalizando un proceso de concientización (en el sentido freireano). Los grupos históricamente oprimidos por el colonialismo imperial reconocen en esta agresión la misma lógica de desprecio y despojo que han sufrido por siglos. Así, la defensa de la soberanía venezolana se entrelaza con un proyecto político que se afirma como antagónico al orden racial-capitalista global. El efecto no es de victimización, sino de agenciamiento radical. Este proceso de concienciación y acción colectiva se inscribe en lo que Paulo Freire entiende como una pedagogía de la insurgencia: un aprendizaje colectivo que surge no de la teoría abstracta, sino de la praxis misma de resistir y de luchar por la vida, generando un saber otro y una subjetividad otra en el proceso.

Creo que lo que acaba de pasar es la palanca para un giro descolonial profundo de lo que soberanía significa. Es tan fuerte la barbarie cometida, tan descaradamente anti todo principio de derecho, que nuestro pueblo y nuestro presidente, frente a eso, representan, encarnan las dos caras de la soberanía del Sur Global. Este evento marca el agotamiento definitivo del modelo westfaliano de soberanía, siempre violable para el Sur. En su lugar, emerge una concepción corporal-territorial y comunitaria- comunal de la soberanía: la soberanía como acto de cuidado y defensa del cuerpo-territorio-pueblo, que se ejerce desde la colectividad en resistencia, desde las comunidades de vida. Esta soberanía encarnada, que hace de la defensa de la vida su principio primero, es el horizonte que el pensamiento descolonial, desde Fanon (1961) hasta las feministas comunitarias de Abya Yala (Espinosa Miñoso, Gómez Correal y Ochoa Muñoz, 2014), ha vislumbrado como la verdadera liberación. No se trata aquí del clásico concepto de la teoría política moderna, sino de una soberanía que trasciende los límites del Estado-nación, que se encarna en su pueblo y en su líder, que se hace unión, conciencia, y que exige reparación.

Este caso marca un punto de bifurcación histórica. La brutalidad del ataque, al dejar tan al descubierto la lógica depredadora del imperio, redefine nuestros horizontes, y redefine la solidaridad: esta deja de ser un gesto diplomático o humanitario para convertirse en una necesidad imperativa de supervivencia y defensa común. La solidaridad debe organizarse como un frente de retaguardia global. Los movimientos anticoloniales, descoloniales y de liberación ya no luchan solo contra formas heredadas del colonialismo, sino contra su reformulación neoliberal y neofascista. Venezuela se convierte en el laboratorio donde el imperio prueba sus métodos más crudos; por tanto, la solidaridad con Venezuela es el campo donde los movimientos del Sur deben aprender, en tiempo real, a contrarrestarlos y a blindar sus propios procesos.

Esto podría impulsar una nueva institucionalidad regional de defensa colectiva, no solo militar, sino sobre todo económica, jurídica y comunicacional, basada en la doctrina de la soberanía compartida y la defensa de la dignidad común. El anticolonialismo del siglo XXI se escribe, desde ahora, con esta lección de unidad forjada en el fuego de la agresión.

La defensa de Venezuela es la línea de frente de la segunda y definitiva independencia. En esta hora, como nos enseñó el Comandante Chávez, heredero de la línea estratégica bolivariana: la única actitud posible es pasar a la ofensiva. Una ofensiva de pensamiento liberador, de construcción de soberanías compartidas y de una solidaridad que sea, en los hechos, un muro de contención global contra la barbarie colonial.

Bibliografía

Dussel, E. (1994). *1492: El encubrimiento del Otro. Hacia el origen del «mito de la modernidad».* Editorial Nueva América.

Espinosa Miñoso, Y., Gómez Correal, D. y Ochoa Muñoz, K. (Comps.). (2014). *Tejiendo de otro modo: Feminismo, epistemología y apuestas descoloniales en Abya Yala.* Universidad del Cauca.

Fanon, F. (1961). *Les damnés de la terre.* François Maspero. (Trad. cast.: *Los condenados de la tierra,* 1963, Fondo de Cultura Económica).

Grosfoguel, R. (2013). Racismo/sexismo epistémico, universidades occidentalizadas y los cuatro genocidios/epistemicidios del largo siglo XVI. *Tabula Rasa,* (19), 31-58.

Harvey, D. (2004). The «new» imperialism: accumulation by dispossession. *Socialist Register*, 40, 63-87. (Trad. cast.: El «nuevo» imperialismo: acumulación por desposesión, 2005, CLACSO).

Lumumba, P. (1961, 30 de junio). *Discurso de la Independencia del Congo* [Discurso]. Ceremonia de proclamación de la independencia, Léopoldville, Congo.

Mbembe, A. (2011). *Necropolitique*. Éditions La Découverte. (Trad. cast.: *Necropolítica*, 2011, Melusina).

Mignolo, W. (2011). *The Darker Side of Western Modernity: Global Futures, Decolonial Options*. Duke University Press.

Quijano, A. (2000). Colonialidad del poder, eurocentrismo y América Latina. En E. Lander (Comp.), *La colonialidad del saber: eurocentrismo y ciencias sociales. Perspectivas Latinoamericanas* (pp. 201-246). CLACSO.

Rivera Cusicanqui, S. (2010). *Ch'ixinakax utxiwa: una reflexión sobre prácticas y discursos descolonizadores*. Tinta Limón.

Santos, B. de S. (2010). *Descolonizar el saber, reinventar el poder*. Trilce.

Walsh, C. (2013). *Pedagogías decoloniales. Prácticas insurgentes de resistir, (re)existir y (re)vivir*. Ediciones Abya-Yala.

Venezuela: política exterior, alianzas contrahegemónicas y transición geopolítica

Arantxa Tirado Sánchez

«Venezuela juega su papel, modesto pero digno,
requerimos que se consolide el mundo pluripolar,
lo que Simón Bolívar, nuestro libertador,
llamaba "el equilibrio del mundo"».

HUGO RAFAEL CHÁVEZ FRÍAS

EL SECUESTRO, el 3 de enero de 2026, del presidente Nicolás Maduro y de su esposa, Cilia Flores, tras un bombardeo en Caracas que dejó más de cien muertos, supone un nuevo momento no solo en las relaciones entre los Estados Unidos de América (EE. UU.) y Venezuela sino en la geopolítica hemisférica y mundial. Este crimen de agresión contra la soberanía venezolana fue precedido de otra vulneración al derecho internacional, la sucesión de bombardeos a supuestas narcolanchas en aguas del Caribe y el Pacífico que inició en septiembre de 2025. El asesinato de más de 120 personas acusadas, sin pruebas, de ser narcotraficantes y ajusticiadas sin juicio previo fue la antesala del robo de petroleros en aguas internacionales y de un despliegue militar sin precedentes frente a las costas del Caribe venezolano. La llamada «Operación Lanza del Sur», compuesta por más de 15.000 efectivos militares, un submarino nuclear, aviones, helicópteros, drones y dos de los principales portaviones de la Marina estadounidense, sirvió como plataforma para la posterior «Operación Resolución Absoluta» (también traducida como «Determinación Absoluta»). Un operativo para la eufemística «extracción» del presidente Maduro que puso «en marcha todos los componentes del arsenal estadounidense de forma perfectamente coordinada», según el análisis temprano de algunos militares (Berger, 2026).

Conviene detenerse a analizar cómo se ha llegado a este punto en las relaciones entre Venezuela y EE. UU.; por qué Venezuela se ha convertido en una «amenaza inusual y extraordinaria» para la seguridad estadounidense, como la calificó el Decreto Obama en 2015, que debía ser erradicada o, cuando menos, neutralizada desde inicios de la Revolución Bolivariana; y por qué las alianzas geopolíticas tejidas por el Gobierno de Hugo Chávez, y continuadas por el de Nicolás Maduro, no han podido evitar el actual escenario de reconfiguración hemisférica, con irradiación global, que implica el nuevo momento en las relaciones entre Venezuela y EE. UU. con el mantenimiento del Gobierno chavista en la figura de la presidenta encargada Delcy Rodríguez. Todo ello, en un sistema internacional que está asistiendo a acontecimientos que se suceden de manera vertiginosa y que están acelerando un proceso de transición geopolítica en el que un declinante EE. UU. pugna por no perder su posición de *hegemon* mundial desplegando una incontestada belicosidad, discursiva y material.

La política exterior venezolana: una revolución que se proyecta al mundo

Si la Revolución Bolivariana es un proceso político altamente desconocido para el gran público, víctima desde sus inicios de una manipulación mediática que ha distorsionado la imagen y la idea de su realidad que llegaba al resto del mundo, la política exterior venezolana es la gran ignorada, cuando no tergiversada, en los análisis de la acción de los distintos gobiernos chavistas. Ello a pesar de la importancia que el frente internacional tuvo para el presidente Hugo Chávez, así como para el futuro presidente Nicolás Maduro, canciller de la República Bolivariana de Venezuela entre agosto de 2006 y enero de 2013. Como fue también canciller la actual presidenta encargada, Delcy Rodríguez, entre diciembre de 2014 y junio de 2017, periodo en el cual pudo, como Maduro, ser ejecutora de una de las áreas de acción más relevantes para el Gobierno venezolano.

Con la llegada de la Revolución Bolivariana, Venezuela inició una intensa aceleración de su activismo internacional (Romero, C. A., 2006: 214) que contrastó fuertemente con el segundo plano que el país había tenido en su relación con el mundo durante los años de la IV República, calificado en su momento por el chavismo como «pasividad histórica». Se produjo entonces una redimensión de la política exterior de Venezuela y un hiperactivismo cuya contracara será que algunos países lo perciban como una injerencia en sus propios asuntos internos. Una versión a la que se sumarán los sectores opositores venezolanos, que acusaron el cambio de rumbo de la política exterior como un ejercicio de ideologización que no debería tener lugar en una política de Estado, ignorando que las políticas exteriores precedentes también partían de una determinada visión ideológica, la de las élites gobernantes, y pasando por alto que, como en toda política pública, también en la política exterior había líneas de continuidad.

Como el resto de las políticas desplegadas por el Gobierno bolivariano, la política exterior se convirtió en un terreno de disputa entre la oposición y las fuerzas chavistas. Desde el inicio, la vieja diplomacia, uno de los sectores más elitistas de la administración del Estado, se rebeló ante la incorporación de personal no perteneciente a la carrera diplomática, lo que fue considerado una intromisión, a pesar de que muchos de sus funcionarios siguieron trabajando en la Cancillería venezolana. El choque entre una visión del mundo elitista y otra que pretendía la democratización del Estado, en todos sus aspectos, fue notoria.

El que sería futuro candidato a la Presidencia de Venezuela en 2024, Edmundo González Urrutia, llegó a reflexionar en su calidad de diplomático que la voluntad de expansión continental del proyecto bolivariano era uno de los ejes centrales de la política exterior chavista (González Urrutia, 2008: 4). Más allá de las acusaciones de injerencia en los asuntos de terceros países, uno de los propósitos de la política exterior venezolana bajo la administración de Hugo Chávez fue proyectar su proceso político al exterior difundiendo la nueva realidad que se vivía en el país, visualizada por el Gobierno venezolano como una revolución democrática que emanaba de un cambio profundo hecho por los de abajo para los de abajo. Así, Venezuela dejó a un lado la proyección de la democracia liberal de mercado para pasar a proyectar la democracia participativa y protagónica que estaba en la base de la Revolución Bolivariana y, posteriormente, la propuesta de construcción del Estado comunal. Estos elementos de quiebre, junto a otros, llevaron a algunos analistas a calificar a la política exterior bolivariana como una política de Gobierno, no de Estado (Romero, C. A., 2004: 129).

Además, la arena internacional ha sido uno de los campos de batalla de las diferencias políticas entre el chavismo y la oposición, que ha involucrado a actores extranjeros en sus disputas. La internacionalización del conflicto político venezolano, así como los intentos de actores internacionales de actuar como «mediadores»[1], ha estado presente desde los inicios, dándose un efecto de internacionalización de la política interna (Romero, C. A., 2006: 10) paralelo a la «domesticación» de la política exterior (Romero, C. A., 2006: 31).

Asimismo, se ha producido el uso de los organismos multilaterales para reconducir el conflicto e, incluso, con la pretensión de socavar a la Revolución Bolivariana por parte de la oposición. El caso de la Organización de Estados Americanos

---

1. Un ejemplo de los primeros años de la Revolución fue la creación en Ecuador del Grupo de Amigos de Venezuela el 15 de enero de 2003, una iniciativa del Gobierno de Brasil en la que participaron, además, los gobiernos de Chile, España, EE. UU., México y Portugal para mediar en la enconada confrontación que mantuvieron Gobierno y oposición durante el año 2002 y parte del 2003. Su misión era respaldar las iniciativas de la OEA para mitigar la crisis que había generado el golpe de Estado de abril de 2002 y el posterior paro petrolero. Para ello la OEA había creado, a través de la resolución 833, una Mesa de Negociación y Acuerdos el 8 de noviembre de 2002 en la que instaba a las partes a llegar a una salida negociada «de buena fe» que se tradujo en la celebración del referéndum revocatorio en agosto de 2004 (Romero, C. A., 2004: 128).

(OEA) y su ofensiva contra la Venezuela bolivariana bajo la secretaría general de Luis Almagro es emblemático. El Gobierno de Nicolás Maduro anunció su retirada en 2017 ante el uso de la OEA como espacio para el hostigamiento al proceso revolucionario, situación que concluyó con la salida de las autoridades venezolanas en 2019 que fueron sustituidas por los representantes del gobierno ficticio de Juan Guaidó. La convocatoria de Consejos de Seguridad extraordinarios para tratar el tema de Venezuela y buscar una posible validación de una intervención armada desde este organismo de las Naciones Unidas, arguyendo el principio de la responsabilidad de proteger ante la supuesta crisis humanitaria del país, fue también promovida por la oposición política venezolana e internacional ese mismo año, aunque no tuvo éxito.

En todo caso, más allá de su reacción ante los ataques provenientes de la hostilidad de otros Estados, la actividad internacional de la República Bolivariana de Venezuela se basó en un diseño constitucional, y unos lineamientos desplegados en leyes generales y ordenamientos específicos posteriores, que constituyen los principios que sustentan su política exterior. Como guía de fondo de la acción está el interés nacional por defender el nuevo momento que se inicia en el país tras la primera victoria electoral de Hugo Chávez en diciembre de 1998.

Bases y principios de la política exterior bolivariana

Las bases de la política exterior bolivariana pueden encontrarse en la Constitución de la República Bolivariana de Venezuela (CRBV) sancionada en diciembre de 1999. La preocupación y el peso dado a los asuntos internacionales por el nuevo Gobierno se podía observar en el propio preámbulo de la Carta Magna, donde se establece:

> ... con el fin supremo de refundar la República para establecer una sociedad democrática, participativa y protagónica,

> multiétnica y pluricultural en un Estado de justicia, federal y descentralizado, que consolide los valores de la libertad, la independencia, la paz, la solidaridad, el bien común, la integridad territorial [...]; promueva la cooperación pacífica entre las naciones e impulse y consolide la integración latinoamericana de acuerdo con el principio de no intervención y autodeterminación de los pueblos, la garantía universal e indivisible de los derechos humanos, la democratización de la sociedad internacional, el desarme nuclear, el equilibrio ecológico y los bienes jurídicos ambientales como patrimonio común e irrenunciable de la humanidad ... (Gobierno Bolivariano de Venezuela, 2009: 3-4).

Este preámbulo es toda una declaración de intenciones que sienta las bases del accionar político del Gobierno bolivariano en materia internacional. Sin embargo, para encontrar la política exterior que había de regir en concreto a la recién creada República Bolivariana de Venezuela, hay que acudir al Título IV, Capítulo 1, sección quinta: «De las Relaciones internacionales», artículos 152, 153, 154 y 155. El artículo 152 dicta:

> Las relaciones internacionales de la República responden a los fines del Estado en función del ejercicio de la soberanía y de los intereses del pueblo; ellas se rigen por los principios de independencia, igualdad entre los estados, libre determinación y no intervención en sus asuntos internos, solución pacífica de los conflictos internacionales, cooperación, respeto a los derechos humanos y solidaridad entre los pueblos en la lucha por su emancipación y el bienestar de la humanidad. La República mantendrá la más firme y decidida defensa de estos principios y de la práctica democrática en todos los organismos e instituciones internacionales. (Gobierno Bolivariano de Venezuela, 2009: 143-144).

En este artículo se destaca un aspecto clave que va a constituir el estandarte de la política exterior venezolana: la defensa de la soberanía. Este aspecto no es menor pues, aunque se sobreentiende que todo Estado tiene como propósito defender su soberanía nacional, lo cierto es que no siempre en la práctica hay una defensa efectiva de ese derecho, menos en el caso de los países dependientes en el sistema internacional que ven constreñido su accionar (interno y exterior) por las presiones de terceros Estados, empresas, etc.

La condición revolucionaria y bolivariana del Estado venezolano condicionó el diseño de su política exterior y su proyección internacional. La defensa de la multipolaridad, propósito destacado en el Plan de Desarrollo Económico y Social de la Nación 2001-2007, además de en numerosos discursos y documentos oficiales, ha sido, sin duda, uno de los ejes de dicha proyección, como también su denuncia del unilateralismo estadounidense y del carácter imperial de su política exterior, aunque ahora las relaciones entre ambos países se encuentren en un plano discursivo diplomático muy alejado de la intensidad confrontativa de otros momentos.

Asimismo, los principios recogidos constitucionalmente de no intervención en los asuntos internos, la no injerencia de terceros países en los intereses de los países periféricos, en este caso, la búsqueda de una solución pacífica a los conflictos internacionales o la solidaridad entre los pueblos en su lucha por la emancipación, han tenido un fuerte peso en las directrices de la política exterior bolivariana.

El nuevo momento en las relaciones entre EE. UU. y Venezuela iniciado, visiblemente, el 3 de enero de 2026, plantea desafíos a la ejecución de todos estos principios y al propio concepto de soberanía, al estar el Gobierno venezolano, en palabras de la presidenta encargada, Delcy Rodríguez, «secuestrado» también por EE. UU. La ley de reforma de la Ley Orgánica de Hidrocarburos aprobada el 29 de enero por la Asamblea Nacional muestra los movimientos y cesiones que el Gobierno venezolano está haciendo en este ámbito, al calor de los acuerdos no públicos que está realizando con las autoridades estadounidenses.

El petróleo, de hecho, es central para entender la política venezolana y, también, las relaciones entre ambos países. La voluntad del Gobierno venezolano de defender la soberanía nacional frente a los intereses de las empresas extranjeras, en el caso concreto del petróleo, explica en buena medida el golpe de Estado perpetrado contra Hugo Chávez en abril de 2002. También el interés de EE. UU. por hacerse con las principales reservas de petróleo probadas del mundo está detrás de la aplicación continua de una política de máxima presión a Venezuela, con ligeros momentos de distensión táctica, que ha acabado con el secuestro de su presidente bajo la excusa de ser el líder de un presunto cartel narcoterrorista, argumento aparentemente descartado después de que EE. UU. haya tomado el control de la producción petrolera venezolana y de sus ganancias.

Conviene recordar que EE. UU. vincula el control de los recursos a su seguridad nacional. En la Estrategia de Seguridad Nacional de la segunda administración Trump, la seguridad económica pasa por el dominio energético: «Restaurar el dominio energético estadounidense (petróleo, gas, carbón y energía nuclear) y repatriar los componentes energéticos clave necesarios es una prioridad estratégica fundamental» (The White House, 2025: 14). Este dominio energético se realiza a través de lo que algunos autores como John Saxe-Fernández han llamado una geopolitización y militarización del petróleo por parte de EE. UU. Un proceso que ya se dio en la administración de George W. Bush, que incluyó a funcionarios petroleros como Dick Cheney en un Gobierno que emprendió una guerra contra Irak en 2002. Lo que lo motiva es el *peak oil* de EE. UU. (Saxe-Fernández, 2007), es decir, los cálculos que desde hace décadas situaban el techo de la producción petrolera estadounidense en la década de los setenta del siglo XX, momento a partir del cual esta comenzaría a declinar y, por tanto, a ser dependiente del aprovisionamiento del petróleo de otros Estados. De ahí el inicio de guerras, o la promoción de golpes de Estado en terceros países, para pertrecharse de reservas foráneas y tratar de reconfigurar el mercado petrolero controlándolo a través de gobiernos afines que contemplen los intereses de las petroleras estadounidenses.

A la voracidad por el petróleo se suma, en la actual coyuntura, la de los minerales críticos, que también aparecen en la Estrategia de Seguridad Nacional[2], en la reunión ministerial sobre minerales críticos de febrero de 2026, en la que EE. UU. asentó acuerdos de colaboración para garantizar cadenas de suministros seguras para estos recursos o en el Proyecto Vault para establecer una reserva estratégica de minerales críticos (Departamento de Estado, 2026). Venezuela es, también, rica en algunos de estos minerales cruciales para que EE. UU. pueda seguir en su competición estratégica con China, país que no tiene tanta dependencia estratégica de estos recursos como la tiene EE. UU., pues controla el mercado mundial de tierras raras, por ejemplo, y se puede autoabastecer completamente de otros mientras EE. UU. debe acudir a terceros países.

El nuevo escenario de las relaciones entre Venezuela y EE. UU. no solo implica el reordenamiento del reparto petrolero mundial, sino que tiene afectación en las alianzas contrahegemónicas labradas por la Revolución Bolivariana, indisociables de la cooperación petrolera y la colaboración técnico-política de actores extrarregionales que EE. UU. quiere expulsar de Venezuela y de América Latina y el Caribe.

---

2. «Asegurar el acceso a cadenas de suministro y materiales críticos: Como argumentó Alexander Hamilton en los inicios de nuestra república, Estados Unidos nunca debe depender de ninguna potencia externa para obtener componentes esenciales –desde materias primas hasta piezas y productos terminados– necesarios para la defensa y la economía de la nación. Debemos asegurar nuestro propio acceso independiente y confiable a los bienes que necesitamos para defendernos y preservar nuestro estilo de vida. Esto requerirá ampliar el acceso estadounidense a minerales y materiales críticos, al tiempo que se combaten las prácticas económicas depredadoras. Además, la Comunidad de Inteligencia monitoreará las cadenas de suministro clave y los avances tecnológicos en todo el mundo para asegurar que comprendamos y mitiguemos las vulnerabilidades y amenazas a la seguridad y la prosperidad de Estados Unidos» (The White House, 2025: 13).

Como resultado de la proyección de su política doméstica revolucionaria, y de una diplomacia de los pueblos que buscaba la fraternidad con los movimientos políticos y sociales contestarios, Venezuela se convirtió desde inicios de la Revolución en líder simbólica de la lucha antiimperialista. Además, al volver a poner en el debate político la necesidad de construcción del socialismo, en un momento de post-Guerra Fría en que el bloque soviético acababa de implosionar y buena parte de las izquierdas europeas, antes comunistas o filocomunistas, asumían la idea del fin de la historia, el presidente Chávez devino un referente de ciertos sectores de la izquierda mundial, no sin encontrar recelos en otros sectores que tenían reticencias con su pasado militar o con su ejercicio del poder.

Este liderazgo tuvo que ver, sin duda, con su política exterior. Bajo la presidencia de Hugo Chávez, Venezuela se erigió como líder de un bloque contrahegemónico de poder en América Latina y el Caribe que contribuyó a posicionar a la región como un actor de peso en la transición hegemónica del sistema internacional. La Venezuela bolivariana ha sido actor protagonista de lo que, en la actualidad, se denomina Sur Global[3]. Desde una visión geopolítica contrahegemónica y antiimperialista, ha liderado la creación de mecanismos de concertación e integración política latinoamericanista, como la Comunidad de Estados Latinoamericanos y Caribeños (CELAC), lanzada en Caracas en diciembre de 2011; y también ideó la Alianza

3. Bajo este concepto se agrupa a la mayoría de países de África, Asia y América Latina, integrantes del G77, que actuarían en el sistema internacional de manera más o menos concertada. Sin embargo, el término Sur Global también se usa para referirse a una realidad geopolítica, que correspondería a un nuevo bloque geopolítico emergente cuyos integrantes, acciones e intereses diferenciados cuestionan la utilidad del término. Su ambigüedad radica en que no todos los países se sienten interpelados por la etiqueta ni sus actuaciones o intereses son equivalentes, lo que cuestionaría su existencia como bloque geopolítico. Véase al respecto de estos debates (Merke y Tokatlian, 2024: 11-27).

Bolivariana para los Pueblos de Nuestra América-Tratado de Comercio de los Pueblos (ALBA-TCP), un mecanismo de impronta bolivariana inicialmente firmado con Cuba en 2004 pero que fue ampliándose paulatinamente. Asimismo, participó activamente en la consolidación de la Unión de Naciones del Sur (UNASUR), creada en 2018 entre los países suramericanos. Todos estos organismos supusieron un desafío a la geopolítica de EE. UU. en el continente, percibidos como amenaza y neutralizados, cuando no eliminados *de facto*, como es el caso de la UNASUR, con la colaboración de gobiernos latinoamericanos de derecha afines a la agenda estadounidense.

Pero, además de su acción multilateral, en el plano bilateral Venezuela ha construido alianzas extracontinentales con algunos de los principales actores del sistema internacional y reescribió desde el inicio sus relaciones con EE. UU., que pasaron a una fase de confrontación abierta. La estrategia de ofensiva multifactorial y de amplio espectro que EE. UU. ha dirigido a lo largo de estos 27 años de Revolución Bolivariana, con cambios tácticos mas nunca estratégicos, puede resumirse en el despliegue de una guerra híbrida para el cambio de régimen que ha culminado en el secuestro del presidente Maduro y en la instauración en Venezuela de una suerte de Estado neocolonial inaugurando un nuevo imperialismo basado en el vasallaje, a decir de Greg Grandin (Goodman, 2026), que abre nuevos escenarios, tanto en Venezuela como en la geopolítica internacional.

En efecto, la gravedad de los acontecimientos del 3 de enero tiene que ver también con la disputa geopolítica global que se juega en territorio venezolano. El activismo internacional de los distintos gobiernos chavistas dio lugar a nuevas alianzas geopolíticas que recibieron muchas críticas por parte de la oposición, nacional e internacional. Destacan, en este sentido, las relaciones fraternas establecidas con un vecino caribeño, Cuba, y las que Venezuela ha construido con dos de los retadores hegemónicos de EE. UU. en el sistema internacional: la República Popular China y la Federación de Rusia. Asimismo, la cooperación estratégica con Irán[4], y el respaldo a Palestina en distintos ámbitos, que llevó a la ruptura de relaciones con el Estado de Israel en 2009, han sido objeto de preocupación tanto para el imperialismo estadounidense como para su aliado en Asia Occidental, el ente sionista.

Muchas de estas relaciones, calificadas de estratégicas y con convenios de cooperación en lógica Sur-Sur, tienen en común formar parte de una alianza antiimperialista, más o menos explícita, con actores extrarregionales pero también con Estados latinoamericanos que han reforzado la contestación a los intereses estadounidenses en su principal área de expansión geoestratégica. Como consecuencia, Venezuela se ha alineado con países que, a ojos de EE. UU., constituyen un «mal ejemplo», el «eje del mal» o, incluso, una «troika de la tiranía», expresión acuñada por uno de los secretarios de Seguridad de la primera administración Trump, John Bolton, para referirse a Cuba, Nicaragua y Venezuela, a los que también catalogó de «triángulo del terror».

Pero el antiimperialismo y la construcción de un bloque contrahegemónico de poder no han sido los únicos principios que movieron a la Venezuela bolivariana. Su radio de actuación ha ido mucho más allá, con una visión global en la que Venezuela cambiaba el eje de sus relaciones, tradicionalmente enfocadas de manera prioritaria a sus vínculos con EE. UU., para ampliar su presencia en un continente antes secundario, como África. Bajo el chavismo, Venezuela ha llegado a duplicar el número de embajadas que tenía en África antes de la V República. Una actuación que, en palabras de hoy, bien pudiéramos tildar de descolonizadora pues conecta con la búsqueda de un mundo policéntrico que no pase por los viejos

---

4. Venezuela fue el único país que se opuso –argumentando la falta de pruebas– a la resolución GOV/2005/77 de 24 de septiembre de 2005 que acusó a Irán de violar el Tratado de No-Proliferación de 1978 en el marco del Organismo Internacional de Energía Atómica de Naciones Unidas (OIEA). Además, en el año 2006 el Gobierno de Venezuela votó, junto con Cuba y Siria, en contra de la resolución GOV/2006/14 del OIEA que pretendía reportar a Irán al Consejo de Seguridad por continuar con su programa nuclear.

poderes occidentales. En este sentido, la Venezuela bolivariana ha construido una política de alianzas multipolar, mucho más variada de la que tuvieron los gobiernos que precedieron al chavismo, no solo por la pluralidad y naturaleza de los países a los que se ha aproximado sino por el tipo de vínculos que ha establecido. Unas relaciones muy distantes del alineamiento pro-occidental de Venezuela en tiempos de la Guerra Fría.

Sin embargo, el decurso de los acontecimientos que se están produciendo en Venezuela mientras se escriben estas líneas trasladan un horizonte de incertidumbre sobre la continuidad de estas alianzas. A la falta de información detallada sobre lo que habría detrás de la aparente cordialidad del nuevo momento diplomático entre EE. UU. y Venezuela se une cierta confusión por la disputa de relatos entre ambos países, así como por los mensajes contradictorios de las autoridades chavistas, que denuncian el chantaje al que están siendo sometidas a la vez que reivindican su control del Estado en decisiones que califican como soberanas. Mientras tanto, el despliegue bélico de EE. UU. sigue en el Caribe, así como las exigencias estadounidenses sobre los recursos venezolanos, realizadas en un inquietante tono público que oscila entre lo diplomático y lo mafioso.

Un elemento clave que definirá, sin duda, el rumbo de la historia será cómo reaccionen los aliados contrahegemónicos ante la exigencia de EE. UU. para que Venezuela rompa sus vínculos con ellos. Por lo pronto, el Gobierno venezolano ha dejado de enviar crudo a Cuba y las preguntas sobre si la presidenta encargada seguirá las exigencias de Marco Rubio de acabar con la presencia rusa, china o iraní de Venezuela planean en el aire. La Estrategia de Seguridad Nacional de EE. UU. expresa, en su corolario Trump, esta voluntad de expulsar del hemisferio a las potencias y súper potencias extrarregionales[5].

---

5. «Tras años de abandono, Estados Unidos reafirmará y aplicará la Doctrina Monroe para restaurar la preeminencia estadounidense en el hemisferio occidental y proteger nuestro territorio nacional y nuestro acceso a geografías clave en toda la región. Negaremos a competidores no hemisféricos la capacidad de posicionar

Controlar a Venezuela, y poner fin a una revolución que simbolizaba la contrahegemonía en el continente, tiene que ver con acabar con «la base de operaciones para cualquier competidor, adversario o enemigo en el mundo» (US Department of State, 2026) por sus alianzas con los competidores no hemisféricos de EE. UU. En palabras del secretario de Estado, Marco Rubio, Venezuela ha sido la primera puerta de entrada al continente para países como Irán y, junto con Cuba y Nicaragua, también de la Federación de Rusia.

En este sentido, el secuestro del presidente Maduro, y los acontecimientos que se vienen sucediendo en el país desde entonces, nos permiten ver cómo opera la ya llamada nueva Estrategia «Donroe» en América Latina y el Caribe. Pero, si unimos lo que ha pasado en Venezuela con la acción que está desplegando EE. UU. en su proyección mundial, su interés indisimulado en las tierras raras y los minerales críticos de Ucrania como parte del peaje de su mediación en el conflicto, sus ataques a Irán, las amenazas de invasión a Groenlandia, su desdén y humillación hacia la Unión Europea, su «Plan de Paz» para Gaza y sus intención de establecer un protectorado fuera del alcance de los organismos multilaterales, entre otras acciones de política exterior que se suceden a velocidad vertiginosa en estos primeros meses de la segunda administración Trump, podemos ver que el unilateralismo estadounidense –nada nuevo– no esconde una voluntad de rediseño del orden mundial.

Tampoco es nuevo, se argüirá, que el imperialismo quiera un orden mundial a su imagen y semejanza. Y, efectivamente, es cierto. Todo poder hegemónico buscar propiciar, cuando no mantener, un orden favorable a sus intereses de dominio. Lo que sí es nuevo es que los consensos sobre el papel hegemó-

---

fuerzas u otras capacidades amenazantes, o de poseer o controlar activos estratégicamente vitales en nuestro hemisferio. Este "Corolario Trump" de la Doctrina Monroe es una restauración sensata y contundente del poder y las prioridades estadounidenses, coherente con los intereses de seguridad de Estados Unidos» (The White House, 2025: 15).

nico que EE. UU. debía jugar en él parecen haber desaparecido entre los que, en algún momento, creyeron ser sus aliados. En este club de desencantados podemos incluir tanto a países del Sur Global como a Estados de la Unión Europea. La crisis hegemónica en la que se encuentra EE. UU. desde hace décadas y que explica, en buena medida, la llegada de un personaje como Donald Trump a la Presidencia, por las graves contradicciones internas en el modelo de acumulación capitalista y en la proyección internacional estadounidenses, se agrava con unas actuaciones que han socavado algo que EE. UU. utilizó para compensar sus acciones imperialistas, el *soft power* o poder blando. Ya no hay máscaras que oculten las intenciones del imperialismo, ni voluntad de usar eufemismos o discursos sobre defensa de la democracia y los derechos humanos.

El fin del orden internacional basado en normas no lo ha traído Donald Trump, pero sí le ha dado su puntilla de muerte, ayudado del Israel de Netanyahu y de una Unión Europea incapaz de denunciar el genocidio en Gaza y tomar medidas de distancia con Israel, como sí se hizo con los diecinueve paquetes de sanciones a la Federación de Rusia por su invasión a Ucrania. No parece existir vuelta de hoja tras el traspaso de todas las líneas rojas y la pérdida de credibilidad de Occidente ante los pueblos del mundo. El derecho internacional, en Caracas, Gaza o Teherán, ha demostrado ser papel mojado. Las respuestas que tratan de apelar a la legalidad internacional y a los organismos multilaterales, en el marco del sistema de Naciones Unidas o de una arquitectura legal internacional inerme para detener –ni se diga juzgar– a los culpables de genocidio si son amigos de Occidente, mantienen la voz de la dignidad, pero suenan como un eco desesperado de los débiles del mundo ante el peso del ejercicio de la fuerza bruta. Quizás lo dramático del momento político actual sea que no existe ningún contrapeso geopolítico contrahegemónico capaz de frenar la barbarie, ni ningún Estado que se atreva –so pena de estallido de una Tercera Guerra Mundial, está claro– a responder a EE. UU. en sus mismos términos bélicos y con su misma potencia destructora.

Reflexiones finales

Puede afirmarse que el papel de la Venezuela chavista en la reconfiguración geopolítica del continente, su activismo internacional y el establecimiento de alianzas geoestratégicas con los enemigos geopolíticos de EE. UU., que facilitaron mayor presencia de potencias extrarregionales en el hemisferio occidental, está detrás de la voluntad de EE. UU. de acabar con el mal ejemplo de un país que primero fue calificado de «populista» para luego ser presentado como una amenaza a la seguridad, con excusas peregrinas como la falta de democracia, la vulneración a los derechos humanos o, en tiempos más recientes, su supuesto apoyo al narcoterrorismo.

En todo caso, el destino de Venezuela es paradigmático de lo que les espera a los pueblos que se atreven a desafiar al imperialismo. Los ataques incesantes, convertidos ahora en un intento de relegar a la Venezuela chavista a la condición de protectorado anuente a los dictados de la dirigencia imperial, no son ninguna novedad en la larga historia de crímenes que ha dejado la política exterior de EE. UU. en América Latina y el Caribe, y en el resto del planeta. Sin embargo, la agresión actual se produce en un momento en que EE. UU. se enfrenta a la pujanza de una súper potencia emergente, China, que le disputa su lugar hegemónico en el sistema internacional, compitiendo de tú a tú por mercados, rutas comerciales, recursos estratégicos, innovaciones tecnológicas, inteligencia artificial o, incluso, influencia política entre el Sur Global. Este hecho, y los límites del planeta, marcan elementos diferenciales que condicionan la construcción de un nuevo orden global, con nuevas reglas y un nuevo reparto de poder más acorde a la evolución del sistema internacional.

En un mundo en riesgo de colapso climático antropogénico, la clase dominante sigue su lucha desaforada por hacerse con los recursos minerales críticos necesarios para seguir haciendo funcionar la maquinaria capitalista, incluso en el caso de una transición energética, pero sin perder de vista el control y la posesión de hidrocarburos, el combustible fósil que todavía sigue moviendo la economía. El secuestro del presidente Maduro y el sometimiento de Venezuela bajo una lógica neocolonial no pueden dejar de leerse con estas coordenadas geopolíticas que lo sitúan en un episodio más de los intentos de EE. UU. por superar su declive hegemónico, restableciendo el control sobre el petróleo de Venezuela, acabando con su simbolismo político revolucionario y consiguiendo, a través del país suramericano, cerrar la puerta a la entrada de actores extracontinentales que son, a la vez, enemigos geopolíticos.

Como escribía hace años el recientemente fallecido John Saxe-Fernández, el tipo de internacionalización económica que se dio en el período de entreguerras, con una «creciente incapacidad de los mecanismos económicos internacionales de ofrecer certidumbre, especialmente en el comercio de materias primas fundamentales para la industrialización», estuvo entre los factores que llevaron al estallido de la Segunda Guerra Mundial. La guerra ha sido, y sigue siendo, el resultado del choque de intereses irreconciliables ante la incapacidad de las grandes potencias de ponerse de acuerdo en el reparto de mercados, materias primas o territorios. En este sentido, la guerra sirve tanto para salir de crisis económicas como para distribuir nuevas cartas que den lugar a nuevas reglas del juego. Sin caer en fatalismos, sino en la mera observación histórica, la guerra ha sido siempre el elemento último que ha acabado decidiendo el fin de la partida, esto es, cómo se distribuye el poder en las transiciones geopolíticas. No sabemos si la historia se repetirá. Lo que sí sabemos es que Venezuela nos da algunas claves para entender cuál puede ser el futuro del sistema internacional, un orden obsoleto que parece desbocado hacia una implosión acelerada que está llevando a la humanidad de retorno a la barbarie.

El presente capítulo se ha basado en parte del trabajo realizado para la tesis doctoral de la autora sobre la política exterior de Venezuela bajo la Presidencia de Hugo Chávez (TIRADO SÁNCHEZ, 2015).

Referencias

Berger, R. H. El secuestro de Maduro. Análisis operacional y consecuencias estratégicas. *Le Grand Continent*, 04-01-2026.

Departamento de Estado. Reunión ministerial sobre minerales críticos 2026, 04-02-2026.

Gobierno Bolivariano de Venezuela (2009). *Constitución de la República Bolivariana de Venezuela 1999*. Ed. Imprenta Nacional. Caracas.

González Urrutia, E. *La política exterior de Venezuela y la nueva geopolítica internacional.* Ed. Instituto Latinoamericano de Investigaciones Sociales (Ildis) / Centro de Estudios Estratégicos y Relaciones Internacionales (CEERI). Caracas.

Goodman, A. El Gobierno Trump ha convertido la CIA en una oficina colonial. *CTXT*, 04-02-2026.

Merke, F. y Tokatlian, J.G. (2025). «Introducción. De qué hablamos cuando hablamos del Sur» en J.G. Tokatlian y F. Merke, *La impetuosa irrupción del Sur. Cómo Asia, América Latina y África ganan protagonismo en un mundo fragmentado*. Siglo XXI Editores Argentina, Buenos Aires, pp. 11-27.

Romero, C. A. (2006). *Jugando con el globo. La política exterior de Hugo Chávez.* Ed. Ediciones B. Caracas.

Romero, C. A. «La política exterior de Chávez: entre lo doméstico y lo global» en *El debate político. Revista Iberoamericana de análisis político*, año 1, n.º 2, diciembre. Ed. FLACSO. Buenos Aires, pp. 123-132.

Saxe-Fernández, John (2007). «Petróleo y seguridad» en A. Sánchez Camacho (coordinador), *En defensa del patrimonio energético.* Grupo Parlamentario del PRD, Cámara de Diputados, Ciudad de México, pp. 39-80.

The White House (2025). *National Security Strategy*. Washington DC.

Tirado Sánchez, A. (2015). *La política exterior de Venezuela bajo la Presidencia de Hugo Chávez: principios, intereses e impacto en el sistema internacional de post-Guerra Fría.* Tesis para obtener el título de Doctora en Relaciones Internacionales e Integración Europea, Departamento de Derecho Público y Ciencias Histórico Jurídicas, Universitat Autònoma de Barcelona.

U.S. Department of State. Secretary Rubio testifies before the Senate Committee on Foreign Relations, 28-01-2026. Enlace: https://youtu.be/hb4Q2Ap5QQM?si=1LsEk2u-EVu4WLEd

Cuando la fuerza es el derecho de la bestia

Un análisis desde el derecho de la última agresión imperialista contra Venezuela

Eneko Compains Silva

A Josu Jon Imaz, presidente de Repsol, *lamebotas* de Trump.

1. ¡Es el petróleo, estúpido!

Si algo ha quedado claro durante las primeras semanas de 2026 es que el principal problema con Venezuela nunca fue la falta de democracia o derechos humanos, sino el petróleo que los EE. UU. les querían robar. No es que lo diga yo, es que lo admite el propio Trump sin tapujos, después de bombardear Venezuela y llevarse secuestrado a su presidente, sin necesidad de disfrazar lo ocurrido ni de encontrar cobertura alguna en el derecho internacional. «Mi propia moralidad. Mi propia mente. Es lo único que puede detenerme... no necesito el derecho internacional» (Blumenthal, 2026).

En la rueda de prensa ofrecida tras el brutal ataque del 3 de enero quedó bien claro; pronunció la palabra petróleo de forma casi obsesiva, según el conteo oficial hasta en 26 ocasiones, asegurando que las petroleras norteamericanas harían grandes negocios y mucho dinero[6]. Esa era la única prioridad. La democracia, los derechos humanos... no fueron ni mencionados. Para quien quiera verlo, cristalino. El momento que vivimos es tan brutal como transparente (Teruggi, 2026a).

---

6. *El País*, Trump ofrece una rueda de prensa tras el atacar Venezuela y anunciar la captura de Maduro. 03/01/2026. Ver: https://www.youtube.com/watch?v=0-YYDJdxzQQ

Durante años, los *mass media* nos han bombardeado con titulares llenos de burdas mentiras sobre el país de Bolívar y Chávez, para instalar en la opinión pública la idea de que aquello es una dictadura y legitimar así el todo vale contra el chavismo, cosa que, por cierto, han hecho con notable éxito. Sin embargo, nada más lejos de la realidad.

Lo de que Venezuela es una dictadura aguanta en los titulares de *El País* y *El Mundo*, pero no resiste medio asalto de un análisis académico riguroso. No es una democracia perfecta, claro, como tampoco lo son el resto de democracias del mundo; pero sí es una democracia avanzada, participativa y protagónica, que cuenta con herramientas constitucionales de participación política y social como muy pocos Estados del planeta (Compains, 2022), y que hace años ya viene dando pasos progresivos hacia una democracia comunal y obrera, con el horizonte puesto en el socialismo del siglo XXI (Azzellini, 2022).

Ninguna «democracia» de su entorno ha organizado más procesos electorales ni referéndums en el último cuarto de siglo. Ninguna. Al imperio norteamericano no le gusta quien gobierna y dirige el país, y a buena parte de los venezolanos tampoco, pero ello no implica que no estemos ante un sistema democrático.

De hecho, es de un cinismo absoluto que se quieran dar lecciones de democracia a Venezuela precisamente desde EE. UU., cuando no hay país en el planeta que haya promocionado más dictaduras ni golpes de Estado. Si en algo se han especializado los yanquis a lo largo de la historia es en acabar con la democracia allí donde sus intereses se han visto amenazados (Arreaza, 2019). En Venezuela no han podido, porque el chavismo ha puesto sobre la mesa lo que mejor sabe hacer: resistir (Sgarzini, 2025).

Trump, al igual que Biden, Obama o Bush, quiere un cambio de régimen en Venezuela, pero ni con Maduro secuestrado lo ha podido forzar, porque la que hasta ahora era su principal candidata, Maria Corina Machado, le parece «una mujer increíble», pero «no tiene ni el apoyo ni el respeto» suficientes para liderar una transición en el país. Y ello después de que nos contaran que Edmundo González Urrutia, su apoderado, había ganado las elecciones presidenciales de 2024 nada menos que con el 70 % de apoyo popular (¡el 70 %!), añadiendo que tenían las actas que lo demostraban. Vivir para ver. Lo que sí quedó demostrado en estudios rigurosos es que, una vez más, la oposición había mentido, sus actas eran falsas y el supuesto fraude, un relato mediático global para tratar de legitimar un golpe de Estado (Cuesta, 2024). No pudieron.

En definitiva, pues, tengamos claro que no ha sido ni el tráfico de drogas, ni los derechos humanos, ni mucho menos «su supuesto ardor democrático» lo que ha llevado a Trump a atacar Venezuela. Su único interés es controlar el país para hacerse con las reservas de petróleo venezolanas (las mayores del mundo, por cierto), además de con otras riquezas minerales y naturales abundantes allí (oro, coltán, tierras raras, etc.). Como bien dice López de Uralde (2026): «¡Es el petróleo, estúpido!».

2. La fuerza es el derecho de las bestias

Han pasado ya casi setenta años desde que Juan Domingo Perón, quien fuera presidente de Argentina, escribiese desde el exilio su obra *La fuerza es el derecho de las bestias* (2019), en la que denunciaba la dictadura, el imperialismo y la falta de soberanía de Argentina. El título que escogió para su obra (traído de una frase de Cicerón), nos vale hoy día para resumir de forma sucinta la actitud del Imperio yanqui durante estas últimas décadas, y, sobre todo, los tiempos que hoy vivimos, ya que antes, al menos, se molestaban en disimular.

De hecho, hay quien incluso afirma que hoy nos encontramos en la etapa de *Los Soprano* del imperialismo (Fogel, 2026), donde, de forma acelerada, la otrora hegemonía estadounidense se está transformando en pura extorsión desnuda. «Se consigue más con buenas palabras y una pistola, que solo con buenas palabras», decía Al Capone. Trump no suena muy diferente cuando habla de conseguir la paz por la fuerza; la *pax imperialis*, claro.

Como recuerda García Linera (2026a), aunque nunca fue del todo así, desde la Segunda Guerra Mundial, las relaciones internacionales habían tratado de regularse sobre tres grandes principios jurídico-políticos: el respeto mutuo a la soberanía, la no intervención en los asuntos internos de otro país y la resolución pacífica de las controversias, todos ellos recogidos el art. 2 de la Carta de Naciones Unidas. Honestamente, las grandes potencias (y en particular los EE. UU. e Israel), violaron en continuas ocasiones esas reglas para hacer primar sus propios intereses, pero, al menos, constituían una especie de «destino-fuerza» que medía la legitimidad de las acciones de cada Estado, por lo que estos estaban obligados a «teatralizar» su hipocresía en torno a los llamados «valores liberales».

Hoy, poco queda de ello, y estamos en plena transición a un orden distinto cuyo resultado todavía no podemos avanzar. Eso sí, la nueva regla en las relaciones internacionales es que no hay regla: «todo es lícito, en primer lugar y, sobre todo, la fuerza, la coacción entre Estados para imponer a los otros lo que los gobiernos, y las empresas cobijadas en él, necesitan». Se trata, en definitiva, de un orden salvaje donde el Imperio va a actuar desenfrenado. «La única barrera que se imponen es la que emerge de sus recursos y poder». ¿Democracia? ¿Derechos humanos? No. Solo poder (García Linera, 2026a).

Eso es, precisamente, lo que acaba de demostrar EE. UU. en Venezuela con el ataque del 3 de enero. Si nos fijamos, no hay teatro ni hipocresía. Sencillamente han hecho una exhibición de poder desnudo, para tratar de controlar la mayor reserva petrolífera del mundo y ofrecérsela a las compañías norteamericanas. Ello significa, según algunos autores, que se ha iniciado la era de la impunidad sin disfraz; un mundo «totalmente libre de las restricciones del derecho internacional o incluso de los principios morales más básicos y universales» (Mokhiber, 2026). Lo hemos podido ver también en Palestina.

3. El «bombardeo invisible» (2014-2025): medidas coercitivas unilaterales y guerra económica

En este nuevo contexto, la agresión del 3 de enero, qué duda cabe, supone un «salto cualitativo» de gran magnitud en la estrategia injerencista estadounidense contra Venezuela (Uharte, 2026), pero no supone realmente el comienzo de nada, porque la estrategia de agresión antidemocrática contra el país caribeño ha sido una constante desde la misma llegada del chavismo al poder en 1999, y fue además intensificada tras la llegada de Maduro a la presidencia en 2013.

Como explica Sánchez Guevara (2026), EE. UU. dejó de lado el diálogo o la mediación con Venezuela, y dio comienzo a un «bombardeo invisible» a base de medidas coercitivas unilaterales (en adelante MCUS), auténticos «misiles disfrazados» que han supuesto un castigo colectivo a toda la población venezolana por no entregar la soberanía de su país, llegando a ser el tercero más sancionado del mundo según el Observatorio Anti-bloqueo (2025), con 1.081 medidas de castigo. Casi nada.

Todo el mundo conoce la migración masiva de venezolanas y venezolanos a países extranjeros durante los últimos años, pero casi nadie conoce las causas de ello, que no obedecen a un mal desempeño económico del Gobierno chavista (que seguramente sea mejorable), ni mucho menos a persecución política (de hecho, a la inmensa mayoría se les ha negado el estatus de asilado), sino al estrangulamiento económico, comercial y financiero del país, en lo que ha sido un auténtica estrategia de guerra económica (Curcio, 2017), combinada además con otras medidas políticas, diplomáticas, militares y de propaganda que no perseguían sino el tan ansiado cambio de régimen. Guerra híbrida, le dicen (Tirado, 2020). El tema del narcotráfico, aireado durante los últimos meses, no fue sino el último conejo sacado de la chistera yanqui para legitimar la agresión.

El «bombardeo invisible» comienza con la aprobación por parte de Obama de la Orden Ejecutiva 13692, declarando que

Venezuela representaba una «amenaza inusual y extraordinaria para la seguridad nacional y política exterior de EEUU». Tendría guasa si no fuese tan grave. ¿Cuándo y cómo Venezuela ha amenazado la seguridad nacional de EE. UU.? Nadie lo sabe. Sin embargo, la Orden sirvió como base legal para imponer un sinfín de sanciones y restricciones financieras contra cualquier persona o entidad vinculadas al Gobierno venezolano, aunque fuera indirectamente[7].

Desde entonces, las distintas administraciones Obama, Trump I, Biden y Trump II han venido adoptando MCUs contra el país, al objeto de cortar el flujo petrolero y los ingresos que del mismo derivan, destrozar la economía e ir generando así condiciones para liquidar la revolución bolivariana. El propio Atilio Borón nos confesó hace años en una charla con militantes de la Izquierda Abertzale que eran infinitamente más duras que las aplicadas a la Chile de Allende.

Pero ¿de qué hablamos en concreto? Las sanciones han sido muy variadas: congelación de activos estatales venezolanos en el extranjero; restricciones para el acceso de Venezuela al sistema bancario internacional (SWIFT[8]); prohibición a bancos y empresas extranjeras de procesar transacciones vinculadas a Venezuela; prohibición de exportar petróleo a EE. UU. o imposición de restricciones a empresas que comercien con petróleo venezolano; sanciones y prohibiciones a PDVSA y empresas vinculadas; sanciones sobre barcos, empresas navieras y compañías de seguros que participan en la exportación de crudo venezolano...

---

7. Ya antes se había aprobado en el Congreso la *Venezuela Defense of Human Rights and Civil Society Act 2014*, que permitía sancionar a funcionarios venezolanos por supuestas vulneraciones de derechos humanos.

8. Society for Worldwide Interbank Financial Telecommunication, un sistema de mensajería que permite a bancos e instituciones financieras enviar instrucciones de pago internacional de manera estandarizada. No es un sistema de pagos en sí, pero es esencial para muchos tipos de transferencias entre bancos.

Una de las últimas medidas legales fue la conocida como *Bolivar Act*, norma que prohíbe a la administración estadounidense contratar, hacer negocios o arrendar servicios a empresas que sean propiedad del Gobierno venezolano o estén controladas por «el Régimen de Maduro[9]». Básicamente, supuso la enésima vuelta de tuerca, para cerrar algunos vacíos legales que todavía existían. Además, la ley no solo afecta a empresas estatales venezolanas, sino a todas aquellas empresas extranjeras que tengan vínculos comerciales con entidades del Estado venezolano.

Por ejemplo, cualquier empresa que trabaje con PDVSA tiene prohibido hacer contratos con el Gobierno de EE. UU., lo que hace que muchas compañías eviten hacer negocios con Venezuela para evitar las sanciones. Las pocas que operan, como Chevrón, lo hacen con licencias especiales del Departamento del Tesoro (de la OFAC, Oficina de Control de Activos Extranjeros[10]).

Por supuesto, todas estas medidas han tenido un gravísimo impacto en la economía venezolana y en el día a día de sus ciudadanos. Según la relatora especial de la ONU, Alena Douhan, hicieron caer el ingreso petrolero en un 99 % con respecto a los niveles pre-sanciones (ONU, 2021). Además, el bloqueo financiero limitó el acceso del país a mercados de crédito, financiamiento externo y divisas fuertes, afectando gravemente a la capacidad de pagar importaciones de alimentos, medicinas y bienes de capital. Es decir, primero evito que tengas ingresos y luego te impido que pidas prestado. Los yanquis no dejan cabo suelto.

Todo ello, obviamente, tuvo un fortísimo impacto en el día a día de los venezolanos. Las restricciones a transacciones y la falta de divisas generaron dificultades severas para importar

---

9. *Bolivar act. Prohibiting Operations and Leasing with the Maduro Regime Act 2025.* Ver: https://www.congress.gov/bill/119th-congress/senate-bill/1221/text

10. Se trata de una agencia del Departamento del Tesoro de EE. UU. que administra y aplica sanciones económicas y comerciales, bloqueando activos y restringiendo transacciones para cumplir objetivos de política exterior y seguridad nacional.

alimentos, medicinas y materiales sanitarios; la consecuente contracción económica generó gran pérdida de empleo. Y por si ello fuera poco, la falta de ingresos y reservas contribuyó a una intensa devaluación del bolívar y a generar un proceso hiperinflacionario, reduciendo drásticamente el poder adquisitivo de la población, lo que derivó en una migración masiva que es la que hemos conocido estos últimos años. Pero el culpable de todos los males es el chavismo, ¿eh? ¡Ja! Ahora ya hasta el *New York Times* admite que el único objetivo de las sanciones era dañar la economía (Vásquez, 2026).

Huelga decir que todas estas medidas son ilegales. No es que lo diga yo, es que así lo han manifestado distintos relatores de Naciones Unidas ante el Consejo de DDHH. Lo reproduzco literalmente para que no haya lugar a duda:

> Violan principios fundamentales establecidos en la Carta de las Naciones Unidas, como el principio de igualdad soberana, la no intervención en los asuntos internos y el principio de respeto a los derechos humanos y las libertades fundamentales. Impiden el crecimiento económico y la plena consecución de los Objetivos de Desarrollo Sostenible, afectando desproporcionadamente a los países menos adelantados y en desarrollo. [...] Socavan derechos humanos fundamentales como el derecho a la vida, el derecho a la dignidad, el derecho de toda persona al disfrute del más alto nivel posible de salud física y mental y a la atención médica, el derecho a no padecer hambre y el derecho a un nivel de vida adecuado, alimentación, educación, trabajo y vivienda, así como el derecho al desarrollo y el derecho a un medio ambiente limpio, saludable y sostenible, etc. (ONU, 2025)

De hecho, la propia ONU, a través de acuerdo de su Asamblea General, aprobó el pasado 16 de junio de 2025 la resolución 79/293, proclamando el 4 de diciembre día internacional contra las MCUS. Parece que para eso ha quedado la ONU, mostrándose impotente para hacer algo más. En fin.

4. La operación «Absolute Resolve» desde el derecho internacional

El 3 de enero era sábado. No madrugué en exceso. Me encontraba todavía entre las sábanas de mi cama cuando cojo el móvil, entro en X y me encuentro con el mensaje del presidente Petro denunciando el ataque. ¿Qué ha ocurrido? Han bombardeado Venezuela. Un par de horas más tarde sabríamos que, además, se habían llevado a Maduro y Cilia Flores. Operación «quirúrgica», llamada «Resolución Absoluta», ejecutada por las fuerzas especiales de EE. UU. (los Delta Force y Night Stalkers) con apoyo de la CIA, la NSA y otras agencias, y en la que se emplearon más de 150 aeronaves, además de herramientas de guerra cibernética y electrónica muy avanzadas.

Previamente, con la increíble excusa del narcotráfico venezolano a EE. UU. y el inexistente «Cartel de los Soles», se había impuesto un bloqueo naval contra Venezuela. «Lanza del Sur» le llamaron a dedicarse a matar pescadores desarmados en las costas del Caribe y a interceptar petroleros que evadían el bloqueo ilegal en lo que no eran sino actos de piratería hechos con bandera oficial, pero que conseguían que el petróleo del país tuviese que venderse entre diez y veinte dólares más barato por barril para poder atraer exportadores, mermando aún más el ya de por sí menguante ingreso petrolero (Sgarzini, 2025).

Dicho esto, hay quien afirma que lanzaron el ataque porque ahora se daban las condiciones objetivas y subjetivas necesarias para poder llevarla a cabo (Uharte, 2026). Es decir, porque habían destruido las bases materiales del país –las grandes conquistas sociales de la «década ganada» 2000-2010 (Vazquez y Uharte, 2015), cosa que es cierta– y porque, de alguna forma, habían agotado a amplias franjas de la población con las carencias de la cotidianeidad (cosa que también lo es). Sin embargo, difiero. Primero, porque el peor momento económico había pasado ya, y Venezuela encadenaba ya diecinueve trimestres de crecimiento económico continuo (*Venezuela News*, 2026). Y segundo, porque creo que estos últimos años se había dado una suerte de rearme moral del chavismo y de la figura de Maduro, como timonel del barco que está superando la tormenta. Tal vez me equivoque, pero así lo veo yo.

En mi opinión, las causas del ataque obedecen mucho más a razones de política interna y externa de EE. UU., y tienen que ver con la necesidad de frenar su declive en el ámbito internacional revitalizando la Doctrina Monroe, y con la necesidad de cerrar la crisis interna que vive el país, especialmente por la carestía de la vida y las dificultades en el día a día de buena parte de la población, asegurando una fuente de petróleo constante y barata que permita controlar la inflación.

Con todo, no lo perdamos de vista: Trump golpea, pero no para hacer a EE. UU. grande de nuevo (*Make América Great Again*) sino porque no volverá a serlo (Iturriza, 2026).

Desde un punto de vista jurídico, el bombardeo y posterior secuestro del presidente suponen un quebrantamiento tan evidente de la Carta de Naciones Unidas y de los principios más básicos del Derecho Internacional Público, que causa sonrojo tener que argumentar. ¿Dónde quedan la igualdad soberana de los Estados, la coexistencia pacífica y el principio de no intervención en asuntos internos de otro Estado, incluso el propio derecho de autodeterminación de los pueblos?

De hecho, eso mismo han puesto de manifiesto un nutrido grupo de juristas de todo el mundo ante la ONU, afirmando que el ataque constituye «un uso ilícito de la fuerza» que viola el art. 2.4 de la Carta de Naciones Unidas, que fija la prohibición de la amenaza o del uso de la fuerza en las relaciones internacionales. Esta prohibición, hay que subrayarlo, es parte del «ius cogens», es decir, es una norma imperativa del derecho internacional, no es una mera recomendación.

Además, solo puede exceptuarse en dos casos (art. 51): la legítima defensa frente a una agresión armada o la existencia de acuerdo del Consejo de Seguridad de la ONU. No hay más. Ni una ni otra se dan en el presente caso, cosa que quedó puesta de manifiesto cuando el comandante en jefe de dicha operación, Donald Trump, admitió que el objetivo del ataque no era otro que apoderarse y controlar los recursos soberanos de Venezuela, y muy especialmente el petróleo.

Por ello, bien podría calificarse lo ocurrido como un crimen de agresión tipificado en la Resolución 3314 (XXIX) de la Asamblea General de Naciones Unidas (14 de diciembre de 1974) y del art. 8 bis del Estatuto de Roma de la Corte Penal Internacional, en virtud del cual:

> Comete crimen de agresión quien cuando, estando en condiciones de controlar o dirigir efectivamente la acción política o militar de un Estado, dicha persona planifica, prepara, inicia o realiza un acto de agresión que por sus características, gravedad y escala constituya una violación manifiesta de la Carta de las Naciones Unidas.

Blanco y en botella. Es, precisamente, lo que ha denunciado la Asociación Americana de Juristas en escrito dirigido a la fiscalía de la Corte Penal Internacional, solicitándole que abra una investigación sobre lo sucedido (AAJ, 2026). Veremos qué pasa, aunque hay que ser consciente de que los antecedentes no invitan al optimismo.

5. El juicio a Nicolás Maduro y Cilia Flores: The Show Must Go On!

Algo parecido ocurre con el futuro juicio a Nicolás Maduro y Cilia Flores. ¿Tendrán un juicio justo? No parece probable. La presión va a ser inmensa. Su secuestro es uno de los principales triunfos políticos de Trump, que, obviamente, convirtió la detención en un show al que sacarle rédito político[11]. Ahora el show debe continuar y para ello necesita su condena, que a

11. Como señalan algunos analistas, las encuestas no parecen mostrar que le saliera tan bien (Blumenthal, 2026).

buen seguro será muy elevada (se habla de treinta años o incluso cadena perpetua), si antes un cambio en la correlación de fuerzas en EE. UU. o una vía diplomática exitosa no lo impiden.

Con todo, es necesario dar la batalla legal para desnudar, también jurídicamente, la agresión del 3 de enero.

Una primera buena noticia es que el abogado será Barry Pollack, quien consiguió la libertad de Julian Assange y que es conocido por ganar litigios «tan notables como complejos» (Martins, 2026). Una segunda, que la acusación era tan burda que el propio Departamento de Justicia de los EE. UU. se vio obligado a retirar los cargos por narcoterrorismo porque, más allá de los titulares de prensa, no pueden demostrar que el «Cartel de los Soles» exista. Lo habían declarado organización terrorista –al estilo de Al Qaeda– para justificar el asesinato o secuestro de sus cabecillas; en la primera acusación se mencionaba hasta en 32 ocasiones (Sgarzini, 2026a)... pero el primer día se evapora de la acusación. O sea: bombardeas un país, matas a más de cien personas y te llevas secuestrado a su presidente... y a escasos días desaparece la causa que supuestamente motivó el ataque. Sería para reírse si no fuera tan grave.

Para rematar, Maduro no se quedó callado, sino que habló ante la Corte, donde afirmó que es inocente, que fue secuestrado y que sigue siendo el presidente de Venezuela, e invocó además el III Convenio de Ginebra, en lo que algunos han calificado de «judo político» porque se valió de la naturaleza militar de la operación para tratar de poner la situación judicial a su favor (Potella, 2026). Las implicaciones jurídicas de lo dicho por Maduro podrían ser enormes: si es presidente, no es justiciable. Y si es prisionero de guerra, no es procesable; está protegido por el derecho internacional, no por el código penal de Nueva York. Dicho de otra forma: el juicio debería acabar antes de comenzar.

La pregunta entonces es: ¿cómo es posible que la Corte del Distrito Sur de Nueva York vaya a poder juzgar a un presidente en ejercicio de un país extranjero que cuenta con inmunidad diplomática y que, para colmo, ha sido secuestrado en su país de forma completamente ilegal? Respuesta rápida: porque lo necesitan, para lo cual, claro está, tratarán de vestir jurídicamente su tropelía.

El precedente judicial que van a emplear para ignorar la ilegalidad de la detención va a ser *Ker v. Illinois* (1886), de la Corte Suprema de EE. UU. Se trata del caso de un ciudadano estadounidense fugado a Perú tras ser acusado de fraude en Illinois. Un agente privado contratado por las autoridades lo capturó por la fuerza en Lima y lo llevó de vuelta al país para ser juzgado. La Corte, por unanimidad, estableció que el hecho de haber sido llevado ante sí de forma irregular o incluso ilegal no impedía juzgarlo una vez estaba allí. Es decir, a efectos de la jurisdicción penal, no importarían el modo ni las circunstancias de la detención.

De este fallo (nunca mejor dicho), nace lo que luego sería la doctrina Ker-Frisbie (por Frisbie v. Collins 1952), conforme a la cual la jurisdicción del tribunal se ejerce sobre la persona, no sobre el procedimiento mediante el cual fue llevado ante los jueces, y fija que: 1) La legalidad internacional de la detención es irrelevante para el proceso penal interno. 2) La ausencia de extradición, consentimiento estatal o cooperación internacional no afecta a la competencia del tribunal. Y 3) La ley penal estadounidense puede aplicarse extraterritorialmente cuando el acusado es presentado físicamente. En definitiva, el control judicial recae sobre los cargos y las pruebas, no sobre el modo de detención (Mosquera, 2026).

Lo cierto es que esta doctrina está más que consolidada, y es la base legal para juzgar a líderes de organizaciones criminales capturados en el extranjero (como, por ejemplo, narcos[12]), y se la van a aplicar a Maduro. Sin embargo, en el presente caso tendrán una dificultad añadida, porque Maduro

12. Un precedente sonado fue *US v. Álvarez-Machain* (1992), ciudadano mexicano que fue secuestrado en México y llevado a Texas para ser juzgado por el asesinato de un agente de la DEA.

no es un delincuente prófugo, sino un presidente en ejercicio. Puede que *Ker v. Illinois* sirva para narcos, pero no para jefes de Estado que cuentan con inmunidad absoluta (*ratione personae*) frente a una jurisdicción penal extranjera.

Dicho de otro modo: a los presidentes no se les «presenta ante la Corte» y ¡ya está, hay jurisdicción!; o se les reconoce con todas las consecuencias o se les declara la guerra. Todo lo demás es piratería jurídica; «fuerza bruta con bibliografía» que nada tiene que ver con el derecho penal[13]. Claro que para superar ese «pequeño escollo» van a hacer lo que sea, y para ello echarán mano a buen seguro de otro precedente judicial, *Zivotofsky v. Kerry* (2015), para saltarse la inmunidad diplomática de Maduro como jefe de Estado.

Este caso surge porque el Congreso aprobó en 2002 una ley[14] que obligaba al Departamento de Estado a registrar como «Israel» el país de nacimiento en los pasaportes de estadounidenses nacidos en Jerusalén, si así lo solicitaban sus padres. El Gobierno se negó, argumentando que hacerlo contradecía la política de Estados Unidos de no tomar posición sobre la soberanía de Jerusalén. La Corte, en su decisión, vino a confirmar que el presidente de EE. UU. tiene la «autoridad exclusiva» para reconocer un Estado extranjero o un Gobierno y sus fronteras, sin que el Congreso pueda imponerle una posición contradictoria en ese ámbito. Según la Corte, tanto la Constitución de EE. UU. como la práctica histórica asignan al presidente la facultad de reconocer formalmente a gobiernos extranjeros o determinar sus fronteras. Es su prerrogativa.

Esto, por supuesto, tiene implicaciones en el caso Maduro, porque Trump no lo reconoce como presidente desde 2019 (acuérdense de Guaidó, el «autoproclamado» al que Trump

---

13. Post en X de @untalperezv: https://x.com/untalperezv/status/2008234311980310760

14. *Section 214 (d) Foreign Relatinons Authorization Act.* Ver: https://www.congress.gov/107/plaws/publ228/PLAW-107publ228.pdf

reconoció por Twitter), lo cual implicaría que no tiene inmunidad y que se le puede juzgar como un criminal cualquiera.

Ocurre, sin embargo, que, desde la perspectiva del derecho internacional, la inmunidad no desaparece por falta de reconocimiento bilateral. La condición de jefe de Estado depende de la realidad constitucional interna del Estado, no del reconocimiento externo. Y es claro que todos los poderes públicos de Venezuela reconocen como presidente a Maduro, empezando por la propia Delcy Rodríguez, presidenta *encargada,* que lo ha reiterado casi a diario. Esto, claro está, generará una nueva fractura entre el derecho interno estadounidense y el derecho internacional que la Corte tendrá que resolver.

Pero, por si ello fuera poco, la cosa no acaba ahí, ya que lo ocurrido es más grotesco aún: Trump no reconoce a Maduro, pero sí reconoce a Rodríguez, que es presidenta *encargada* precisamente por ser la vicepresidenta de Maduro en aplicación del art. 234 de la Constitución venezolana, que regula la falta temporal del presidente. Es decir, quien reconoce al segundo está reconociendo al primero, siquiera indirectamente. ¿Qué harán los jueces? Desde luego, no lo van a tener fácil.

6. ¿Y ahora qué? El chavismo y la paz de Brest-Litovsk

El plan de Trump está meridianamente claro; no hay más que leer el documento en el que fija su doctrina de seguridad nacional: reafirmación explícita de la Doctrina Monroe (1823) y de América Latina como patio trasero; presión máxima a quien no se pliegue a sus intereses; hemisferio occidental como zona de influencia exclusiva y unilateralismo como forma de actuar. Por si eso no fuera suficiente, su corolario: «la paz por la fuerza», es decir, la fuerza como principal herramienta para recuperar hegemonía en Latinoamérica y frenar a Rusia y China en términos globales (Altman, 2026).

Como recuerda Uharte (2026), tienen un plan claro para redefinir el mapa continental y derrocar o someter a los gobiernos díscolos, y, de hecho, «a pesar de su relativa debilidad global, el avance de la agenda ultra de la Casa Blanca es indiscutible», con cada vez más gobiernos de extrema derecha en la región, que, obviamente, les son afines: Milei en Argentina, Kast en Chile, Noboa en Ecuador, Jerí en Perú, Bukele en El Salvador, Asfura en Honduras...

En cuanto a Venezuela, el plan parece ser el siguiente: primero, estabilización del país y pleno acceso al petróleo; segundo, reconstrucción y liberación de los mal llamados presos políticos; tercero, elecciones, transición y cambio de régimen. Ocurre, sin embargo, que los yanquis no juegan solos y que hay actor al otro lado de la cancha: el chavismo, que si algo ha demostrado hasta la fecha es, como ya hemos dicho, su capacidad de resistir. De hecho, si no han materializado ya el cambio de régimen no ha sido por falta de voluntad política para ello, sino porque saben que no tenían condiciones y que con la oposición no tienen posibilidad de establecer un nuevo gobierno. Antes, pues, necesitan debilitar al chavismo, desgastarlo, para lo cual van a presionar al máximo, exigiendo grandes concesiones y tratando de dividirlo con una guerra mediática sin cuartel, a base de mentiras y desinformación. (Al momento de escribir estas líneas se anuncia una «exclusiva» en *The Guardian* que firma Aram Roston (2026), quien afirma que los hermanos Rodríguez, Delcy y Jorge, habrían comunicado en secreto a EE. UU. que estaban listos para la salida de Maduro. No es la primera, ni será la última).

¿Qué debe y qué puede hacer el chavismo? Su situación recuerda en cierto sentido a la que vivieron los bolcheviques en enero de 1918, cuando negociaban la paz con los alemanes y la salida de Rusia de la Primera Guerra Mundial. Alemania hizo una cantidad ingente de reclamaciones territoriales (Finlandia, Polonia, Estonia, Lituania, Ucrania...) que para muchos bolcheviques era humillante e inaceptable, por lo que proponían continuar la guerra a la espera de un levantamiento obrero en Berlín que diese fin a las hostilidades sin necesidad de renuncias territoriales.

Fue Lenin quien desde un «análisis concreto de la situación concreta» ordenó firmar la paz a cualquier precio. Se lo habían prometido al proletariado ruso, pero era sobre todo una necesidad imperiosa para poder mantener el débil poder soviético que acababan de conquistar. De lo contrario, los alemanes los arrasarían.

En definitiva, hicieron terribles concesiones para garantizar la supervivencia de la Revolución rusa (Altman, 2026). ¿Traición? La historia demostró que no. Renuncias tácticas con visión estratégica. Algo similar va a tener que hacer el chavismo, que, aunque duramente golpeado, no está KO. Hay partido y, para poder jugarlo, nada mejor que acudir a la ya citada máxima leninista: «análisis concreto de la situación concreta».

En la coyuntura actual, con pocos aliados a nivel regional, sin escudo militar por parte de Rusia y China (que no tienen condiciones para imponerlo) y con las debilidades internas del propio proceso en esta fase histórica, va a tener que hacer concesiones en un contexto de negociación-extorsión con Trump y los suyos, que han puesto la pistola encima de la mesa y a la vista de todos. Como no han podido sacar del poder al chavismo, van a querer «encapsularlo», reduciendo sus opciones, aumentando sus costes y forzando decisiones bajo presión (Boyé, 2026).

La propia Delcy Rodríguez lo ha confesado con total sinceridad: van a tener que dar pasos tácticos que seguramente cueste entender (o tragar), pero que no son dados a la desesperada, sino con visión y tranquilidad estratégicas (algo que ha reivindicado ya en distintas ocasiones), sabiendo que ellos también tienen plan y cuáles son los principales retos ahora: mantener el Gobierno y la unidad cívico-militar del chavismo, y negociar un acuerdo económico-petrolero con los yanquis que les permita superar el bloqueo, salir del atolladero y mejorar las condiciones de vida de las capas populares del país, *conditio sine qua non* para «la estabilidad y continuidad de cualquier proyecto político de izquierdas» (García Linera, 2026b).

Necesitan ganar tiempo, incluso para ver si mejora la correlación de fuerzas –tanto a nivel global como en EE. UU. en particular (las *midterms* son en noviembre)–, y lo cierto es que lo que está en su mano lo han comenzado a hacer de forma rigurosa: reconfigurar el gobierno en tiempo récord, estabilizar la calle y movilizar a sus bases de forma permanente para evitar cualquier tentativa de golpe.

Por supuesto que a cada paso que den en esta situación van a ser tildados de traidores al chavismo por los medios del Imperio. ¿Que liberan presos?, traicionan a Maduro; ¿que venden petróleo a EE. UU.?, es porque son títeres en manos de Trump (cuando es público y manifiesto que Maduro hizo lo primero y persiguió lo segundo).

Ocurre algo similar con la reforma de la Ley de Hidrocarburos, ley estrella de Chávez que puso fin a la apertura de la era neoliberal, fijando que cualquier extracción de crudo debía hacerse por empresas públicas o mixtas. Fue, de hecho, una de las causas principales del golpe de 2002. Haberla modificado tiene un peso simbólico y político muy grande, eso es cierto, pero ¿supone una traición a Chávez?

El cambio va en el sentido de atraer inversiones privadas, algo que no es nuevo y que, bajo la dirección de Maduro, ya habían puesto en práctica para tratar de superar el bloqueo criminal impuesto por EE. UU., como por ejemplo con la Ley Antibloqueo o con la Ley de Zonas Económicas Especiales, que tuvieron críticas desde una parte de la izquierda, pero que para otros no es sino pragmatismo ante la crisis o incluso un nuevo enfoque con visión china (Teruggi, 2026b[15]). De hecho, como recuerda Sgarzini (2026b), no deja de ser una «brutal ironía» que la administración Trump de 2025 levante el embargo petrolero ordenado por la administración Trump de 2019.

---

15. Ya que hemos hecho referencia a los bolcheviques, no está de más recordar que ellos también pusieron en marcha la NEP, dando paso parcialmente a la iniciativa privada (ante el fracaso coyuntural del comunismo de guerra), para revitalizar el comercio y la producción.

Dicho esto, es necesario aclarar que el petróleo venezolano no ha sido privatizado ni cedido formalmente a EE. UU., aunque sí lo es que estos han impuesto un esquema de control operativo y comercial sobre las exportaciones de crudo venezolano. Ahora el crudo se vende a precio de mercado (no con los fuertes descuentos que Venezuela ofrecía para superar el bloqueo), pero los ingresos se depositan primero en cuentas bajo control estadounidense, lo cual supone una clara coacción del Imperio. Al momento de escribir estas líneas, de los primeros 500 millones, solo una parte ha sido transferida (300 millones); el resto permanece pendiente de liberación. Pura «agresión económica» a la soberanía de Venezuela, mientras su Gobierno trata de sostener sus ingresos petroleros «para equilibrar la economía y la vida de la clase trabajadora»[16].

Con todo, Delcy Rodríguez acaba de ordenar que dichos ingresos vayan para dos fondos soberanos. Uno de protección social: para que las divisas vayan a escuelas, hospitales, alimentación y vivienda. Otro de infraestructura y servicios, para agua, electricidad y vialidad. Una buena noticia en medio de la tempestad.

Toca confiar ahora en lo que Altusser denominó «incorregible imaginación» de los marxistas latinoamericanos, en este caso de los chavistas, que creo, están haciendo ya un «análisis concreto de la situación concreta» para seguir avanzando. No sería la primera vez que transforman una derrota militar en victoria política (ya lo hicieron con la insurrección cívico-militar de Chávez en 1992). Como nos recuerda Ortega (2026), «la política es ante todo una cuestión de temporalidad y la táctica y métodos de lucha se encuentran subordinados a la misma. Antes que principios abstractos, el análisis concreto demanda evaluar el tiempo de la política, sus ritmos, sus pausas, sus momentos de aceleración» (Ortega, 2024).

16. Post de Daniel Seixo en x: https://x.com/SeixoDani/status/2013968652530229676

Por ahora, el chavismo está en un momento de debilidad, y, como dice Diosdado Cabello, a veces hay que reducir de marcha, como en un coche, para aumentar revoluciones (Sgarzini, 2026b). Que así sea.

Bibliografía

Asociación Americana de Juristas (AAJ). (2026). Presentación de Juristas Internacionales sobre el Crimen de Agresión cometido por los Estados Unidos de América contra la República Bolivariana de Venezuela y el Secuestro de su Presidente en funciones y su esposa. Naciones Unidas, Consejo de Seguridad.

Altman, B. (2026). Intervención en «Venezuela tras el ataque: Delcy al mando, Trump al petróleo y el plan en sombras». *La Base América Latina*, 1x116. Ver: https://www.youtube.com/watch?v=9K9JOFDEXSA

Arreaza, J. La extraña dictadura venezolana. *Cubadebate*, 10/08/2019.

Azzelini, D. (2018). Construyendo utopías concretas: el movimiento comunero en Venezuela. *Convergencia, Revista de Ciencias Sociales*, n.º 76, enero-abril.

Blumenthal, S. (2026). Americans disaprove of Trump's foreign policy. His scapades are likely to cost him. *The Guardian*, 17/01/2026.

Boye, G. El cerco y la continuidad: Venezuela después de Maduro. *El Nacional*, 12/01/2026.

Compains, E. (2022). De la democracia representativa a la democracia comunal. La construcción jurídico-política del Estado comunal en Venezuela. REDHES, *Revista de DDHH y estudios sociales*, n.º 28, julio-diciembre.

Curcio, P. (2017). *La mano visible del mercado. Guerra económica en Venezuela*. Caracas: Minci.

Cuesta, R. ¿Cómo manipuló las actas la oposición en Venezuela? Desvelamos el mecanismo utilizado. *Diario Red*, 25/08/2024.

Fogel, B. Estamos en la etapa *Los Soprano* del imperialismo. *Jacobin*, 19/01/2026.

García Linera, Á. El tiempo oscuro de los Leviatanes. *Diario Red*, 10/01/2026.

——. (2026b). ¿Qué hacer? *Diario Red*, 24/01/2026.

Iturriza, R. La última palabra. *Huella del Sur*, 12/01/2026.

López de Uralde, J. Es el petróleo, estúpido. *Diario Público*, 04/01/2026.

Martins, A. Quién es Barry Pollack, el abogado que representa a Maduro en EE.UU. y defendió a Julian Assange en el caso WikiLeaks. *BBC News Mundo*, 06/01/2026.

Mokhiber, C. El inicio de la era de la impunidad: Venezuela, Palestina y el fin del derecho internacional. *Diario Red*, 13/01/2026.

Mosquera, V. Tensiones y replanteamientos del derecho internacional sobre la captura de Nicolás Maduro. *Semana*, 08/01/2026.

Observatorio Venezolano Antibloqueo. Medidas coercitivas unilaterales contra Venezuela suman 1.081 al cierre de 2025. 05/01/2026.

ONU. Preliminary findings of the visit to the Bolivarian Republic of Venezuela by the Special Rapporteur on the negative impact of unilateral coercive measures on the enjoyment of human rights. *United Nations*, 12/02/2021.

——. Unilateral coercive measures are illegal under international law and shall be lifted: UN Experts Marks first International Day Against UCMS. *United Nations Human Rights Council*, 04/12/2025.

Ortega, J. El Lenin del marxismo latinoamericano. *Jacobin*, 04/02/2024.

Perón, J. D. (2019). *La fuerza es el derecho de las bestias*. Buenos Aires: Punto de Encuentro.

Potella, K. Maduro y El Jaque de Ginebra, la Sutil Audacia de ser un «Huésped de Guerra» en Manhattan. En: https://kellypottella.blogspot.com/, 05/01/2026.

Roston, A. Venezuela's Delcy Rodríguez asured US of cooperation before Maduro's capture. *The Guardian*, 22/01/2026.

Sánchez Guevara, C. Fue Trump quien dejó de comprarle petróleo a Venezuela para doblegarla. No pudo y regresó. *Alimentos y poder*, 20/01/2026.

Sgarzini, B. De la máxima presión al bloqueo naval. Trump vuelve a intentar el colapso de Venezuela. *Diario Red*, 28/12/2025.

——. Cartel de Los Soles: Los fiscales de Trump admiten que no pueden demostrar en la justicia la principal excusa para atacar Venezuela. *Diario Red*, 07/01/2026.

——. El secuestro de Maduro, la hipótesis de la «traición interna» y el intento de «captura» por diseño de Venezuela. *Diario Red*, 10/01/2026.

Teruggi, M. (2026a). Intervención en «Venezuela tras el ataque: Delcy al mando, Trump al petróleo y el plan en sombras». *La Base América Latina*, 1x116. Ver: https://www.youtube.com/watch?v=9K9JOFDeXSA

——. (2026b). Intervención en «Venezuela tras el ataque: ¿protectorado de Trump o mando de Delcy?». *La Base América Latina*, 1x122. Ver: https://www.youtube.com/watch?v=ZFvmPOXJWOA

Tirado, A. (2020). Venezuela, laboratorio de la guerra híbrida del siglo XXI. *Revista de Política Internacional*, 2(8).

Uharte, L. Brutalidad imperial y despojo colonial. *Diario GARA*, 12/01/2026.

Vásquez, R. The New York Times: Las sanciones de EE.UU. se diseñaron para dañar la economía de Venezuela. *Fuser News*, 24/01/2026.

Vázquez, U. y Uharte, L. (2015). *La década ganada en América Latina. Una mirada analítica a las luchas populares*. Bilbao: EHU.

Venezuela News. Presidenta encargada Delcy Rodríguez: Venezuela tiene 19 trimestres de crecimiento económico continuo. *Venezuela News*, 19/01/2026.

Jurisprudencia

Ker v. Illinois, 119 u.s. 436 (1886)
Frisbie v. Collins, 342 u.s. 342 us 519 (1952)
United States v. Alvarez-Machain, 504 us 655 (1992)
Zivotofsky v. Kerry, 576 u.s. 1 (2015)

Las garras del águila

Laura Arroyo

«Las guerras siempre empiezan mucho antes de que se oiga el primer disparo, comienzan con un cambio del vocabulario en los medios».

RYSZARD KAPUŚCIŃSKI

EL ÁGUILA CALVA es un ave autóctona de América del Norte. Los Estados Unidos hicieron de este animal un emblema nacional, un símbolo, pero también una declaración de intenciones. Se dice que simboliza la libertad, la fuerza, el coraje, la autoridad y la soberanía, aunque –y me quedo sobre todo con lo siguiente– para las tribus nativas, las águilas eran especies dignas de veneración por su capacidad de hacer de mensajeras entre los dioses y los humanos. La conexión, pero sobre todo el respeto por nuestra *pacha* y todo aquello que la habita, es algo que compartimos al norte y al sur en esa región llamada América. Sin embargo, el águila calva ha sido utilizada como símbolo de poder por parte de quienes entienden que la libertad, la soberanía o la autoridad no suponen valores compartidos ni con la *pacha* ni con todos los seres que la habitan; sino como herramienta de imposición.

Ya sea a través de intervenciones militares, intervenciones judiciales, intervenciones mediáticas, bloqueos económicos o bloqueos políticos, el águila calva se convirtió en un símbolo de otra cosa: el imperio. Pero un imperio, para sostener su poder, necesita(ba) disfrazar las acciones justificando agresiones con fines nobles. Palabras virtuosas como «democracia», «libertad», «justicia», «igualdad», «principios» y tantas otras integran el léxico con el cual este imperio ha justificado hasta su existencia. Y, a la luz del más reciente ataque intervencionista en suelo latinoamericano, conviene echar un vistazo a aquellos lugares donde anida esta águila o, mejor dicho, aquellos lugares donde el despliegue de sus alas constituye una verdadera amenaza incluso antes de que las intervenciones imperialistas que a lo largo de las últimas décadas han demostrado que pueden variar de intensidad, pero que nunca estuvieron dormidas, ocurran.

El águila de nuestra historia cuenta con poder. El suficiente poder como para que, por ejemplo, este 2026 que iniciamos en alerta tras el bombardeo, el secuestro y la intervención militar de los EE. UU. en suelo venezolano, el día en que escribo este texto, a poco más de un mes de ocurridos los hechos, pueda normalizarse. Sí, estimado lector, el águila de nuestra historia tiene una imprenta.

La imprenta

Escribo este texto mientras voy en un tren rumbo a Madrid. Han pasado un mes y tres días desde que Nicolás Maduro y Cilia Flores fueron secuestrados tras un ataque ilegal en suelo venezolano. Un mes y tres días que parecen un año entero en un 2026 cuya intensidad no nos da ninguna tregua. El tiempo se ha convertido en una especie de ruleta rusa constante. Al inicio pensé que era una sensación propia de mi oficio. El periodismo suele ser así de intenso e inmediatista. Es un oficio que nos acostumbra a un ritmo que no nos permite la distancia, la serenidad y el «estarnos quietos» mucho tiempo. Es un oficio que hay que amar para poder ejercer porque de lo contrario la corriente se hace demasiado fuerte. Aun así, el ritmo de este 2026 –anticipado por un 2025 de intensidad trepidante– nos sorprendió incluso a los acostumbrados. No terminábamos de adaptarnos a decir «enero de 2026» y en las redacciones empezábamos a redactar palabras como «secuestro», «ataque ilegal», «invasión» y «bombardeos». O, en su defecto, nos enfadamos cuando empezamos a leer otras palabras utilizadas en titulares, piezas y reportajes. Palabras que en nuestro oficio no solo suponen menor precisión, sino que delinean voluntariamente el terreno de juego.

El lenguaje es una herramienta de poder y, así como describe una realidad, puede también transformarla. De hecho, es más probable que la transforme a que la describa de forma neutral, porque el lenguaje como herramienta de poder es esencialmente político. Utilizamos palabras de forma deliberada para nombrar lo que tenemos al frente, pero al hacerlo estamos construyendo una narrativa y por tanto tomando partido sobre el mundo del que hablamos, ya sea para perpetuar lo que vemos como para transformar lo que no queremos. Nombrar es político. Y por ello la forma en que se empezó a narrar lo que ocurrió el 3 de enero es tan importante a la hora de analizar lo ocurrido y su impacto en las semanas posteriores a los ataques.

Durante horas e incluso varios días empezamos a ver una proliferación importante de palabras que traían una voluntad política específica. Utilizar «captura» en lugar de «secuestro» no es un descuido de un redactor ni una decisión irrelevante. Estamos hablando del posicionamiento político de un medio de comunicación a través de su línea editorial. Y el posicionamiento político de un medio de comunicación nos habla, precisamente, de la imprenta del águila. Que un medio (o varios) plantee que lo que hizo Donald Trump en enero fue una «captura» supone que no nos encontramos frente a un delito, sino a un hecho que podría incluso llegar a justificarse. Un «secuestro», por el contrario, nunca es justificable. Es un delito. Lo tenemos claro. Pero, así como nosotras, algunas redacciones también tenían claro que era mejor dejar la puerta entreabierta a la narrativa de los Estados Unidos porque no podemos confrontar así de fácilmente con el imperio. El colonialismo es también esto. La imprenta del águila cuenta con un tiraje masivo.

El 7 de enero, cuatro días después del secuestro de Maduro y Flores, esta seguía siendo una noticia de repercusión significativa. Y digo «seguía» porque, con el transcurso de las semanas, el escenario se ha invertido. Aquel 7 de enero entrevisté en *El Tablero*[17] a Owen Jones, analista político británico, que horas antes había publicado una información que nos habla de la imprenta del águila. Jones había accedido a un memorándum que desde la dirección de la BBC[18] habían enviado a sus periodistas. El memorándum daba una serie de indicaciones para referirse a los «eventos» del 3 de enero. Esto decía el memo (traducción mía):

> Para garantizar la claridad y la coherencia de nuestros reportajes, siga estas pautas al describir los recientes acontecimientos en Venezuela:
> - «Capturado»: atribuya este término a la descripción estadounidense de la operación. Ejemplo: «EE. UU. afirmó que Maduro fue capturado durante la operación».
> - «Incautado»: Se acepta su uso en nuestros reportajes si corresponde.
> - Evite usar «secuestrado».
>
> Gracias por tener esto en cuenta al trabajar en artículos relacionados.

Quienes hacemos periodismo somos conscientes de que, en nuestro oficio, la línea editorial de un medio de comunicación no la deciden los periodistas que trabajan en él. De hecho, muy pocas veces esta línea responde a las decisiones de periodistas. La línea editorial de un medio la deciden en reuniones y consejos privados, los dueños de la imprenta. Y entre los dueños muy rara vez se encuentran periodistas o comunicadores. De ahí que las expresiones mediáticas independientes, alternativas o financiadas por los usuarios y consumidores de dichos medios antes que por los grandes poderes económicos, resul-

17. *El Tablero* es el programa de tertulia política de Canal Red, un medio televisivo digital de izquierdas dirigido por Pablo Iglesias.

18. Medio de comunicación británico público que incluye servicio de radio, televisión e internet en el Reino Unido.

tan no solo un soplo de aire fresco en un ecosistema viciado por las garras del capital –siempre tan amigo del águila y su imprenta– sino una urgencia de estos tiempos.

Es en estos despachos donde se decide silenciar aquello que deba ser silenciado o amplificar aquello que debe ser amplificado siempre para cuidar los intereses de los dueños de la imprenta. Nos damos cuenta entonces de que no siempre hace falta censurar un tema de forma tradicional, es decir, eliminándolo de la parrilla de contenidos. Si bien esa es una forma que se ha probado efectiva en muchos casos, hay una fórmula todavía más peligrosa que es precisamente la utilizada por un medio público como la BBC. Si bien no hablamos de despido de periodistas (al menos de momento), sabemos que las directrices señaladas por los directivos del medio no marcan la pauta de cómo hablar de ciertos temas sino algo aún más importante: la forma en que un medio decide que han ocurrido los hechos. Y, por tanto, la forma en que, en definitiva, muchos de nosotros pensaremos que ocurrieron.

Quien me lee podría pensar que exagero porque la realidad es la que es y los medios de comunicación, aun queriéndolo, no pueden alterarla. Me temo, sin embargo, que la experiencia nos dice lo contrario. Como periodista, esta es una tesis que ratifico a diario en el ejercicio de este oficio: en sociedades mediatizadas como la que habitamos, la gran disputa ideológica está en los medios de comunicación y las plataformas de información e interacción como son las redes sociales.

Los medios de comunicación diseñan la agenda pública, es decir, definen los asuntos que merecen estar en el foco de atención de una sociedad. Por tanto, los medios definen aquello de lo que hablamos, pero también los términos en los que hablamos de esos temas y las voces legítimas para hablar sobre los mismos. En consecuencia de estas tres cuestiones, al hacerlo, definen también los temas que no resultan relevantes para una sociedad y al hacerlo instituyen todo aquello que puede ser considerado «menos importante» para el común. Ese es el poder de la imprenta del águila.

A menudo escuchamos que los medios de comunicación informan. Lo que no nos dicen es que los términos en los que nos informan son profundamente políticos y, por tanto, nunca son arbitrarios ni neutrales. Elegir poner en la portada una manifestación por la sanidad pública en lugar de relegarla a las páginas interiores de un periódico es una decisión enteramente política. Elegir abrir un informativo con la noticia de un desahucio en lugar de hacerlo con las declaraciones de un diputado es una decisión enteramente política. Y, por lo mismo, no existe un criterio objetivo para esta decisión. Hablamos de línea editorial y no de un método objetivo de selección de información. Esa línea editorial responde a la decisión y los intereses de los dueños de la imprenta.

Pero, como decíamos, los medios de comunicación no solo definen aquellos temas que nos deben resultar prioritarios, sino que también definen los términos en los que se habla de esos temas una vez que son considerados relevantes. Los «eventos» del 3 de enero eran de tal magnitud que resultaba imposible no abordarlos en todos los medios de comunicación a lo largo y ancho del mundo. Por tanto, la voluntad política de los medios de comunicación no se evidenció en función de si trataron o no lo ocurrido, sino en cómo lo trataron, qué palabras utilizaron, cuánto espacio destinaron a las noticias, qué voces legitimaron para analizar estos hechos, etcétera. Y, como vimos en el caso de la BBC, la mayoría de medios de comunicación mainstream contaron con un manual de estilo que por inercia –no hace falta ponerse de acuerdo para estas prácticas– contribuyó a sostener una narrativa muy específica: a Nicolas Maduro lo capturaron y no lo secuestraron. Al Gobierno de Venezuela lo «derrocaron» y no le dieron un «golpe de Estado». Los Estados Unidos «actuaron» y no «atacaron».

La masificación de esta narrativa explica muchas cosas. Explica, por ejemplo, que a unas pocas semanas desde el secuestro de Maduro y Flores, el interés mediático se redujera tan notoriamente. A excepción de contextos muy específicos –generalmente vinculados a exabruptos de Donald Trump o a movimientos del Gobierno encargado en Venezuela que en ocasiones permiten ratificar desde los medios la narrativa que justifica los delitos estadounidenses– Venezuela ha pasado a ocupar las páginas interiores en los días más optimistas. Y un efecto de la reducción de interés de un tema tiene otra consecuencia de la que son responsables también los medios de comunicación: la normalización. La peligrosa normalización que le interesa al águila.

Este 2026 empezó con la atención y la alarma sobre los ataques cometidos en suelo venezolano por parte de los Estados Unidos, pero pasadas las primeras semanas, las muestras de rechazo a este ataque ilegal se circunscribían a Caracas en una muestra de resistencia terca y ejemplar, que lamentablemente contaba con muy poco eco en los medios de comunicación y, por lo mismo, no concitaban apoyos masivos justos y necesarios fuera de las fronteras. Y, nuevamente, esto tiene que ver con el papel de los medios de comunicación que, al delinear la agenda pública, es decir aquello sobre lo que centramos nuestra atención, no incluyen ya a Venezuela. De este modo, esa alarma de enero se diluye pues los ataques estadounidenses se convierten en anécdota antes que en alarma. Si la primera semana de enero pensamos encontrarnos en un punto de inflexión, poco tiempo después podíamos pensar que la normalidad incluye este punto de inflexión como parte del paisaje. La normalización entra así en escena no solo por la justificación de hechos que no son justificables, sino porque la atención sobre estos ataques se desvía hacia otros temas impidiendo así un necesario rechazo mayoritario a lo que ocurrió en enero. 2026 empezó cambiando el lugar de la valla no solo de lo posible, sino de lo «normal». Y en esta nueva normalidad, la invasión en suelo latinoamericano pasa a formar parte de la lista.

Las comparaciones son odiosas porque son elocuentes. Durante los últimos tres años hemos visto que, con algunos picos de mayor y menor intensidad, la guerra en suelo ucraniano no dejó nunca de estar en el foco mediático europeo. Declaraciones de representantes de Bruselas, de presidentes defendiendo el aumento del gasto militar, de bombardeos entre Rusia y Ucrania o declaraciones de Zelenski cada mes (por ser cauta) han ocupado sistemáticamente las portadas de medios de comunicación europeos y muchas horas en las escaletas de los programas televisivos. El mensaje que nos enviaban era claro: tenemos que hablar de Ucrania. Pero en estos mismos tres años hemos visto una larga lista de malabares discursivos o incluso ejercicios de silenciamiento en los medios de comunicación cuando se trataba de hablar del genocidio que se perpetra aún contra el pueblo palestino por parte de Israel en la Franja de Gaza. El mensaje de los medios de comunicación no puede ser más claro: Palestina nos importa menos. O, por ser algo más sutil, Palestina nos queda lejos.

Las comparaciones son odiosas porque son elocuentes pero también porque no son siempre muy justas. Es verdad que el genocidio contra el pueblo palestino, agudizado desde octubre de 2023, y la guerra en suelo ucraniano no son realmente dos escenarios comparables. Para comenzar porque en el caso de Gaza no encontramos dos bandos enfrentados en una mínima condición de igualdad o equilibrio como sí ocurre entre Ucrania y Rusia. No olvidemos que Europa ha destinado cuantiosas sumas de dinero para armar a Ucrania y lo ha justificado como gasto de defensa y seguridad de toda la región. Mientras estas partidas se sucedían una a una por parte de los países europeos, ese mismo Parlamento Europeo financista de armas para Ucrania era incapaz de poner fin al acuerdo de Asociación UE-Israel que se encuentra en vigor desde el año 2000. Durante demasiado tiempo se planteó que se considerara su suspensión, pero esta nunca ocurrió de forma total. Recién a finales del año 2025 se planteó –ojo con el verbo– su suspensión parcial. Si a Ucrania se le envían armas en un ejercicio que sus defensores justifican por la necesidad de preservar la democracia, los derechos humanos y la defensa de los territorios y su soberanía, ¿por qué nunca se envió un solo arma al pueblo gazatí para que pudiera defenderse? O, mejor dicho, ¿por qué esta pregunta nunca la vemos en un medio de comunicación mainstream? Porque a la hora de delinear la agenda, también se delinean los términos de ella. Nuevamente, el mensaje mediático es claro: todo el apoyo a Ucrania se nos vendió como urgente, mientras el apoyo al pueblo palestino se definió como «complejo» y entró en el terreno de la dificultad burocrática y diplomática.

Si con Ucrania el apoyo era militar, con Palestina el apoyo solo podía ser simbólico. Esto lo constatamos en el tipo de debate que los medios de comunicación del mainstream europeo en general, y del español en particular, pusieron sobre la mesa. El debate ha girado siempre en torno a medidas sociales antes que a medidas económicas o militares. Una de ellas, por citar la más sonada, fue el reconocimiento del Estado palestino. Ojo, no podría decir que el reconocimiento del Estado palestino no resulta importante, sino que una medida social vacía de contenido político es una trampa antes que una medida. Y esto es exactamente lo que ocurrió con el reconocimiento de este Estado. Reconocer significa una serie de responsabilidades que nunca fueron asumidas por los países europeos que dieron un paso adelante con esta medida que sigue siendo, a día de hoy, el ejemplo de la ineficiencia de las medidas simbólicas en tiempos de genocidio. Parece una obviedad, pero hay que decirlo, que el reconocimiento de un Estado debe suponer una serie de medidas concretas que protejan a los habitantes de ese Estado de un genocidio. Sin embargo, en Europa primó la contradicción y fue una contradicción incentivada por los medios de comunicación. El reconocimiento del Estado palestino fue descrito como la gran medida de humanidad mientras asesinaba a diario a personas en Gaza y dichos bombardeos eran transmitidos en vivo por las redes sociales. Y de esta manera, los medios de comunicación delinearon algo mucho más importante que la agenda. Los medios de comunicación definieron entonces los límites de lo posible. Reconocer el Estado palestino era posible; evitar el genocidio contra el pueblo que integra el Estado que acabas de reconocer, en cambio, no lo era.

Algunos lo llaman doble rasero; otras, hipocresía. Digamos que prefiero hablar de colonialismo. Prefiero hablar del águila imperial, su imprenta y las garras con las que influye en la gran mayoría de imprentas del ecosistema mediático mainstream occidental. Un poder que nos hace preguntarnos si existe algo así como libertad de expresión real por fuera del colonialismo en los medios de comunicación. El águila, como un ser omnipresente, muestra así también su omnipotencia a través de los medios de comunicación que, como los principales territorios de combate ideológico de estos tiempos, son también los que permiten que los gobiernos se mantengan en ciertas posturas, o los fuerzan a moverse.

Cuando decimos que en sociedades mediatizadas la disputa se da en los medios de comunicación y las herramientas de interacción e información digitales, nos referimos a esto que estamos ejemplificando. Por un lado, se delimita la agenda pública, los temas de los que hablamos, los temas que son relegados, los términos en los que hablamos de estos temas y las voces legitimadas para hacerlo. Pero toda esta estructura de decisiones políticas tiene consecuencias. Lo que se logra al definir la agenda y sus actores es en definitiva la construcción de los sentidos comunes de una sociedad. Aquello que nos define como colectivo, como país y como región. Durante los últimos tres años, ese sentido común construido gracias a la labor de los medios de comunicación nos ha repetido día, tarde y noche que con Ucrania sí, pero con Palestina, ya veremos. Que defender a Ucrania era defendernos a nosotros, pero no actuar cuando se realiza una limpieza étnica de un pueblo se debe a que «no podemos hacer más». Que el mismo Pedro Sánchez que presidió el país que más armas importó de Israel entre febrero y mayo de 2025 sea hoy considerado como uno de los mandatarios más «valientes» con respecto a su posicionamiento de cara al genocidio contra el pueblo palestino explica cómo opera la labor mediática. El águila sonríe mientras su imprenta hace el trabajo sucio.

El poder del águila y su imprenta es comprobable a estas alturas. En tiempos de genocidio que no se televisa, pero que no podemos evitar mirar, o en tiempos de invasión imperialista que se normaliza, pero que algunas no podemos evitar denunciar, hacerle periodismo al periodismo es una de las tareas fundamentales de época. Por un lado, con pedagogía mediática popular que nos permita prepararnos para desentrañar cada titular impreciso, desnudar el interés detrás de cada entrada léxica propagandística o no caer en cada bulo potenciado para fomentar la confusión en tiempos de caos. Por otro, con la socialización de intuiciones mediáticas que a estas alturas no deberían resultarnos extrañas.

El ataque ilegal en suelo venezolano del 3 de enero nos invita a hacernos preguntas incómodas. ¿Hasta qué punto podíamos sorprendernos de verdad cuando nos enteramos de los bombardeos? ¿Hasta qué punto no nos sentimos ingenuos luego de ver cómo Donald Trump anunció vía redes sociales el secuestro de un presidente? ¿Hasta qué punto es responsable decir que no nos lo esperábamos? ¿Era esto verdad o solo un mecanismo de autodefensa ante tiempos de angustia?

Los huevos del águila

Eran las 08:00 de la mañana cuando leí en el móvil el mensaje en uno de los grupos de Canal Red donde coordinamos las redacciones de España y las de América Latina: «Han bombardeado Venezuela». No teníamos aún tanta información, pero en mi casa hicimos un ejercicio de responsabilidad mediática tan involuntario como veloz. En la televisión, Telesur; en el iPad, la transmisión en vivo de los compañeros de *Descifrando la Guerra*; en la laptop, CNN; en la laptop de mi compañero, RTVE; en nuestros móviles alternamos medios mainstream latinoamericanos mientras manteníamos a fuego la información y conversación directa con colegas en el territorio en nuestros móviles. Fueron horas de consumo pero también producción de información sin perder nunca de vista de qué medio la recibimos. O, mejor dicho, quién era el dueño de la imprenta de cada medio. Fue un ejercicio de responsabilidad ciudadana y periodística por nuestra parte. ¿Por qué es esto relevante? Porque Venezuela, al igual que Cuba, son dos territorios víctimas de una propaganda sostenida del águila y su imprenta. Acceder a las noticias sobre ambos países, por tanto, no es un ejercicio pasivo. No puede serlo. Esa es la forma de expropiarle, poco a poco, la imprenta al águila.

Los hechos del 3 de enero en Venezuela (el ataque ilegal, el bombardeo intervencionista y los secuestros) no ocurrieron en suelo virgen. Por el contrario, durante décadas hemos visto cómo se ha cultivado un escenario que permitiera que un 3 de enero de 2026 estos hechos no solo ocurrieran, sino que a poco más de un mes después, se normalizaran ante los ojos del mundo. El papel del poder mediático fue definitorio. Durante décadas la prensa mainstream ha hecho de Venezuela un ejemplo aleccionador desde el imperio. Esta certeza no tiene nada que ver con nuestras posiciones con respecto al Gobierno de Hugo Chávez o Nicolás Maduro, no porque quiera mantener una posición neutral que considero también irresponsable, sino porque, en aras de la responsabilidad mediática y política que tenemos en estos tiempos de imperialismo a lo Trump, toca decir claramente que uno de los principales obstáculos para que un debate serio permitiera que hiciéramos análisis sobre el proceso político venezolano de las últimas décadas han sido precisamente esos medios de comunicación que permitieron que los huevos del águila se incubaran en las mejores condiciones posibles. En la narrativa de la prensa mainstream las voces venezolanas legitimadas para hablar de Venezuela han sido siempre las opositoras, y los temas centrales en la agenda política sobre la situación en Venezuela nunca estuvieron vinculados a los efectos del bloqueo sistemático estadounidense (un tema que convenientemente se obvia hoy cuando se «analiza» también la situación en Cuba), y a diferencia de gobiernos como el de Arabia Saudí –por citar un caso al vuelo– la denominación de «dictadura de Maduro» fue la norma y no la excepción. Esta narrativa ha sido sostenida durante décadas y repotenciada en los últimos años abonando así el terreno para que la sorpresa por el ataque del 3 de enero durara lo mínimo lógico, pero no lo justo.

En el año 2025 podríamos decir que nos sorprendían muchas cosas, pero en el 2026 esa frase no tiene ya cabida. El 2026 es un año de certezas. Sin embargo, 2025 anticipó enero de 2026 de forma elocuente. Recordemos que meses antes del ataque estadounidense, con el segundo Donald Trump en la Casa Blanca, otra normalización peligrosa evidenció la nueva fase del imperialismo en la que nos encontramos. Desde septiembre hasta enero de 2026 (antes del ataque del 3 de enero), al menos 110 personas fueron ejecutadas extrajudicialmente en aguas internacionales. La utilización de las palabras, como decimos, es siempre importante. No hablamos de 110 fallecidos, ni de 110 muertos. No hablamos de 110 narcotraficantes ni de 110 delincuentes. Hablamos de 110 personas que fueron ejecutadas sin proceso judicial, sin respeto a sus derechos humanos, sin ningún mecanismo garantista y en aguas sobre las que los EE. UU. no tenían ninguna potestad de operar. Sin embargo, entre septiembre y enero estas ejecuciones se fueron normalizando ante la invisibilización de las mismas por parte tanto de los medios de comunicación como de las declaraciones políticas de los grandes líderes mundiales, que, a diferencia de ciertos mandatarios del sur global como Gustavo Petro o Claudia Sheinbaum, hicieron el más absoluto silencio.

Si los medios de comunicación delimitan también los límites de «lo posible», con estas ejecuciones extrajudiciales se delimitó aquello que los Estados Unidos tenían «permitido» hacer, y de aquellos polvos estos lodos. Con palabras útiles para la narrativa imperialista como «narcolanchas» o «ataque contra el narcotráfico» o «captura de embarcación en Venezuela», los medios de comunicación masivos construyeron el escenario perfecto para que la mañana del 3 de enero (hora España) un ataque intervencionista llamara nuestra atención por la afrenta de lo que suponía, pero no fuera del todo denunciado por esos mismos representantes políticos que se definen como demócratas o soberanos. No hacía falta ser tan contundente si durante meses se había elegido algo peor que la tibieza: la indiferencia. Y es así como la labor de los medios de comunicación ve sus esfuerzos llegar a buen puerto (para el águila).

Imperialismo trumpista

Si el neoliberalismo es la fase contemporánea del capitalismo, a la luz de los hechos toca hablar de una nueva fase de este sistema: la bestialización capitalista. Y esa bestialización viene con un aumento de la desfachatez bajo el brazo, con la absoluta honestidad cruel de sus portavoces principales (Donald Trump, Javier Milei, Isabel Díaz Ayuso) y con una complicidad bestia por parte de las estructuras de poder donde definitivamente se encuentran los medios de comunicación. El imperialismo a lo Donald Trump, un imperialismo cuyo método está descrito en la Doctrina Donroe[19] no se detiene en sutilezas ni en la corrección política. Es un imperialismo bestia pero que no por ello deja de ser la continuidad lógica de un modelo. Donald Trump no es una excepción histórica ni un excéntrico líder mundial. Donald Trump no es otra cosa que un mandatario singular en las formas en que eleva el tono de un imperialismo que nunca ha estado dormido. Porque el águila imperialista ha estado siempre al acecho en distintos espacios de poder, incluidos los medios de comunicación. Trump bestializa también a las águilas y las dota de una ferocidad propia de este imperialismo en una nueva fase.

Por ello, no basta con denunciar al mandatario estadounidense ni sus formas de performatividad del ejercicio del

---

19. «Doctrina Donroe» es la forma en que nos referimos a la Doctrina Monroe - Corolario Trump descrita en la nueva estrategia de seguridad nacional publicada por los EE. UU. en diciembre de 2025.

poder. Donald Trump es la bestia hija de un orden que nunca lo fue. Un orden internacional, un derecho internacional, unas instituciones internacionales que las fuerzas subalternas no incluidas en ese orden basado en el reparto colonial de los recursos y los pueblos del mundo, y construido desde el norte global, hemos rechazado desde mucho antes de que el nuevo emperador desnudo (y naranja) llegara por segunda vez a la Casa Blanca. Sin embargo, no fuimos nosotras quienes matamos a ese orden colonial. Fue uno de los suyos quien lo ha hecho. Fue una de las bestias que engendró este propio orden. Donald Trump es antes un hijo del orden neoliberal que ha imperado en esas supuestas democracias liberales que hoy se encuentran en crisis por culpa de uno de sus hijos. Y por ello los discursos que piden el retorno al orden resultan igual de inútiles como alarmantes en tiempos donde la bestialización capitalista e imperialista es la evidencia de que lo que corresponde es construir otro tipo de orden.

En tiempos donde el capitalismo no ofrece felicidad pero tampoco supervivencia como hizo hasta antes de la pandemia, conviene notar que en esta nueva fase es incapaz incluso de fingir democracia. Y en esa incapacidad las bestias se abren paso y las águilas anidan con comodidad. Sirva este texto para pensar en el rol de los medios de comunicación en la normalización de esta fase de bestialismo. Si las bestias se vuelven norma, seremos nosotras, las humanas, la anomalía. Pero si ellos cuentan con águilas, nosotras también contamos con los saberes de los cóndores que saben anidar en terrenos hostiles y planear desde las más increíbles alturas hacia sus presas al ras de los suelos. Son tiempos de sur. De los saberes del sur. Porque tenemos siglos de resistencia antiimperialista sobre nuestros hombros. Expropiemos la imprenta de las garras del águila con la desobediencia civil que estos tiempos reclaman. Si las bestias están aquí, nuestra resistencia tiene que ser capaz de ser también bestial.

Venezuela, objetivo del imperio en decadencia

María Fernanda Barreto

LA OPERACIÓN «RESOLUCIÓN ABSOLUTA» del 3 de enero de 2026, en la que fuerzas especiales estadounidenses realizaron una incursión aérea sobre Venezuela, y mataron al menos cuatro civiles y cerca de un centenar de militares entre los que se cuentan 32 cubanos, para secuestrar al presidente de la República Nicolás Maduro y su esposa, la diputada Cilia Flores, dista mucho de ser la muestra de fortaleza que Donald Trump reivindicó en el Foro de Davos 2026 para disuadir a los enemigos y persuadir a los aliados o más exactamente, a los subordinados.

A pesar de los discursos triunfalistas de Washington, por la batalla ganada y los rehenes capturados, esta acción bélica dejó al descubierto su desesperación y buena parte de sus mentiras.

Estados Unidos es consciente de ser el epicentro de un imperio en decadencia que, en medio de su crisis económica, cultural y política, sabe que solo su poderío militar puede ayudarle a recuperar la hegemonía que alcanzaron a finales del siglo veinte, para sustituir el sistema internacional construido en la segunda postguerra por una plutocracia mundial, como fase superior del imperialismo.

Aunque indiscutiblemente ese sistema internacional nunca respondió a los intereses populares, ni fue la paz su honesta ambición, la destrucción de todo ese andamiaje no es el producto de las luchas populares que podrían democratizarlo, sino la acción desesperada de un sector de las élites que ha decidido desatar la violencia contra los pueblos en este momento histórico que se muestra definitivo.

En un mundo donde el derecho nace para proteger la propiedad privada y defender a las élites que acumulan las riquezas, el derecho internacional y todo el sistema nacido en medio de la guerra fría, que jamás logró limitar la injerencia, el robo, los ecocidios ni los genocidios, se fue desplazando a la idea de un «orden basado en reglas» planteado en el apogeo de la unipolaridad alcanzada en los noventa para sustentar el imperialismo en su esplendor. Pero esta operación contra Venezuela es un paso muy peligroso hacia la distopía en la que toda norma se limita a los dictámenes de la moral de un sector de la plutocracia occidental representada en Donald Trump. Está obligando a los países de la periferia, y quienes apuestan a la multipolaridad, a aferrarse a la Organización de las Naciones Unidas y su Carta fundacional como un salvavidas para evitar el vacío absoluto que genera el caos en el que el fascismo mundial está tratando de consolidarse[20]. Esto se evidencia en la conformación del Grupo de Amigos en Defensa de la Carta de las Naciones Unidas, formado por iniciativa de Venezuela en el 2021, y en la petición que realizara el presidente Xi Jinping al presidente brasileño Lula da Silva, pocos días después de esta agresión a Venezuela, para «unir esfuerzos en la defensa del protagonismo de la ONU ante la inestable situación internacional»[21].

---

20. Una anécdota personal, que puede ilustrar esto desde abajo, es que el día 2 de enero de 2026, en la tarde, había logrado imprimir la Carta de las Naciones Unidas con el fin de hacerle un análisis crítico más detallado. Y era un logro porque, aunque es un documento corto, hace un tiempo que quería tenerla impresa pues a mi generación aún nos atrapa la lectura en papel, pero la impresión me resultaba costosa. Cuando unas pocas horas después nos despertaron los ruidos estruendosos de los drones, los helicópteros, los aviones y las bombas, sentí un deseo intenso de tirarla por la ventana y, aunque me contuve, aún me río de la tonta satisfacción que sentí al tenerla en la biblioteca.

21. https://www.telesurtv.net/xi-jinping-lula-da-silva-defender-onu/

En este contexto, el análisis de las correlaciones de fuerzas y una mirada histórica de los hechos que aquí tratamos es central para la *geopolítica contrahegemónica*[22] que pretendemos desarrollar. Para romper con la abstracción del enfoque geopolítico hegemónico desde el cual los análisis se centran en las voluntades y relaciones entre Estados y/o grandes poderes económicos, desconociendo las contradicciones fundamentales y el papel definitivo de los pueblos en la historia.

Por eso, habría que comenzar por decir que, mientras en el más reciente documento estratégico de defensa nacional estadounidense, publicado a finales de enero de 2026, la operación «Resolución Absoluta» es mencionada tres veces como ejemplo para amenazar incluso a los que llama «socios», en las calles y campos venezolanos sigue imperando la tranquilidad y avanzando el proceso revolucionario, acompañado por la institucionalidad construida en los últimos años, pero, sobre todo, sostenida por un poder popular que continúa sobreponiéndose a esta guerra multidimensional que le ha declarado el imperialismo y que se moviliza también para exigir la liberación del presidente venezolano y su esposa. Esto tiene su correlato en los pueblos que han salido a las calles, incluso en Estados Unidos y Europa, a denunciar esta acción barbárica y solidarizarse con el pueblo venezolano en sus reclamos.

Es cierto que las protestas de los pueblos del mundo no bastarán y tal vez tampoco la resistencia constructiva del pueblo venezolano que se moviliza en torno a este proyecto histórico para desarticular la aplicación de la actualización fascista de la doctrina decimonónica de James Monroe. De hecho, es importante destacar que muy probablemente, si como humanidad hubiéramos sido capaces de detener el genocidio

22. Definición propia que hemos venido desarrollando y reivindicando en nuestro trabajo audiovisual durante la última década en contraposición a la geopolítica hegemónica, pero de la que, probablemente, es la primera vez que escribimos.

del pueblo palestino, esta crisis mundial no se habría desatado y Nuestra América no habría tenido que enterrar a cerca de doscientas personas que han muerto por estas operaciones estadounidenses en el Caribe y el Pacífico, que incluyeron el ataque a Caracas, la Guaira e Higuerote, que aquí reseñamos. Menos de la mitad de esas personas murieron en combate, la mayoría de ellas fueron sencillamente masacradas; eso, claro, a la luz de un derecho internacional humanitario que ya nadie parece recordar.

La resistencia de los pueblos de Asia Occidental, África y Nuestra América debe sumarse a la de las y los trabajadores migrantes atacados por el paramilitarismo trumpista y el pueblo estadounidense que ha comenzado a levantarse contra él. Es de esperar que a los pueblos de esa península occidental de Asia llamada Europa se les vaya sumando la crisis que se hace cada vez más evidente y ha desmantelado el estado de bienestar europeo.

No ha existido un imperio que logre eternizarse en la historia, menos aún cuando llega al extremo de su expansión, pero tampoco ha existido un cambio histórico que no haya sido definido por el papel que jueguen los pueblos.

Parafraseando al sacerdote colombiano Camilo Torres, cuando se acerca el sesenta aniversario de su muerte en combate y su cuerpo al fin ha sido encontrado, habría que decir que de la solidaridad entre los pueblos debemos pasar al amor eficaz entre los oprimidos y oprimidas del mundo.

Mientras tanto, la Revolución Bolivariana sigue en pie, herida, amenazada y con dos rehenes en poder de los poderes criminales del norte. Pero, sin resignarse a nada, continúa profundizándose mientras resiste viejos y nuevos obstáculos.

Estas líneas, escritas desde Caracas, al lado de la ventana por la que hace pocos días vimos con indignación la invasión a esta tierra, no pretenden ser neutrales, pero procuran presentar algunos elementos que consideramos suficientemente objetivos para acercarse a la complejidad de esta grave coyuntura.

Más de veinte años entre el asedio y la lucha por la emancipación

Resulta importante partir por destacar que la reciente operación estadounidense contra Venezuela fue precedida por más de dos décadas de una guerra imperialista multidimensional contra el país, dirigida por los Estados Unidos, y que por tanto, no se trata de una decisión unipersonal del actual jefe de la Casa Blanca. Al contrario, es consecuencia de una política histórica de injerencia y saqueo sustentada por la división internacional del trabajo impuesta por el imperialismo y alentada por una ideología supremacista, sobre la que se erige el gigante del norte, con la creencia de ser un pueblo elegido por dios, con un destino manifiesto que utiliza desde su nacimiento como pretexto para la colonización, el genocidio, el robo y la expansión territorial.

Esta guerra inició a partir del año 2001, una vez que se hizo evidente que el presidente Hugo Chávez estaba construyendo un proyecto histórico antiimperialista con base en la doctrina bolivariana (antítesis histórica de la Doctrina Monroe) y de la mano de Fidel Castro, que fue evolucionando hasta levantar también las banderas del socialismo, la unidad de los pueblos del sur y la lucha por romper la unipolaridad impuesta tras el derrumbe de la Unión Soviética, impulsando un mundo multicéntrico y pluripolar, mientras difundía en los pueblos la idea, peligrosamente subversiva, de que hay vida más allá del capitalismo. Esto, sumado a su impronta popular, su defensa de la soberanía y la autodeterminación en distintas áreas –incluso en lo económico y lo militar–, hizo a la Revolución Bolivariana ser declarada una «amenaza inusual y extraordinaria para la política interna de los Estados Unidos» en 2015[23], a pesar de ser un país pequeño con ninguna capacidad para amenazar militarmente a las potencias del norte.

---

23. https://observatorio.gob.ve/document/orden-ejecutiva-13692-8-de-marzo-de-2015-bloquear-la-propiedad-y-suspender-la-entrada-de-ciertas-personas-que-contribuyen-a-la-situacion-en-venezuela/

La dimensión económica de esta guerra híbrida comenzó con paros patronales, sabotajes, terrorismo financiero y más de mil medidas coercitivas unilaterales dictadas por Estados Unidos y Europa, que terminaron por convertirse en un bloqueo económico que a partir de agosto de 2025 se hizo más fuerte al concretar el bloqueo naval que, para el momento en que se escriben estas líneas, aún persiste en la inmensa costa Caribe venezolana.

La dimensión comunicacional, por su parte, ha sido una de las más agresivas, por contar con el poder que en esta fase imperialista poseen las grandes corporaciones que han logrado monopolizar las empresas mediáticas y las redes sociales en occidente, para unificar el discurso y hacer de esos medios auténticas armas para operaciones comunicacionales y de guerra cognitiva.

Desde lo cultural hasta lo militar, la guerra imperialista desatada contra la Revolución Bolivariana no dio tregua en más de dos décadas. La xenofobia contra la población venezolana en el exterior, la invasión sistemática del paramilitarismo colombiano, la pretensión de instaurar a un presidente títere, los intentos de invasión terrestre desde Colombia, el desconocimiento de los resultados electorales que dieron como ganador al presidente Maduro en 2024, las operaciones de control territorial urbano conocidas como «guarimbas», hasta el posible magnicidio del presidente Chávez, los intentos de asesinar al presidente Nicolás Maduro y las recompensas millonarias ofrecidas por el Departamento de Estado estadounidense por su «captura» son algunas de las acciones político-militares de una guerra en la que el imperialismo ha ganado y perdido batallas de tal modo que es sensato asumir que aún faltan muchas otras para definir su final.

A todos estos ataques que causaron pérdidas de vidas y de recursos económicos, la Revolución Bolivariana respondió con la profundización del poder popular, la organización del pueblo, el aumento sostenido de la inversión social del ingreso petrolero, la lucha por desarrollar sus fuerzas productivas, la exaltación de la soberanía y el derecho a la autodeterminación, la masificación de la consciencia del momento histórico en permanente confrontación con el imperialismo, la búsqueda de una alternativa socialista propia y una diplomacia bolivariana de paz en procura de la unidad de los pueblos del sur y del ejercicio de la diplomacia de los pueblos.

Más de dos décadas de resistencia han dotado al pueblo venezolano de una gran fortaleza. Las consecuencias de la agresión permanente han generado una emigración económica venezolana sin precedentes (que más bien se trata de un desplazamiento forzado transfronterizo usado como arma), han despolitizado a buena parte de la población y han causado retrocesos económicos, pero, a la pregunta reiterada de por qué Venezuela negocia hoy con quienes tanto la han agredido, hay que contraponer la pregunta que a nuestro juicio es la correcta: ¿por qué el ejército más poderoso del mundo, al servicio de uno de los presidentes más supremacistas y narcisistas que ha tenido los Estados Unidos a lo largo de su historia, se ve obligado a negociar con un país pequeño, al que ha causado tantas heridas, ha derrotado recientemente en una batalla desigual y le ha secuestrado al presidente y su esposa? La respuesta está en el acumulado histórico que sostiene el poder real de la Revolución Bolivariana en las calles y campos de Venezuela, haciendo imposible la imposición de una dictadura o un gobierno títere, muy a pesar de los deseos de la desvencijada oposición venezolana, los apetitos imperialistas o los delirios fascistas de Donald Trump.

La violencia como salvavidas

Volvamos sobre una de las afirmaciones iniciales: esta es muy probablemente la década en la que se va a definir el destino del imperialismo. O el capitalismo y la cultura occidental recuperan su hegemonía al menos parcialmente, o este sistema se desmoronará económica, política y militarmente.

La guerra de la OTAN contra Rusia que desde hace cuatro años tiene como teatro de operaciones Ucrania se planteó de hecho para concentrar aún más la acumulación de capital en los Estados Unidos, subordinando a Europa, impidiéndole su desarrollo y endeudándola de nuevo, para luego derrotar militarmente a Rusia y centrarse en evitar el crecimiento de la economía China para, al menos, volver al mundo bipolar en el que el imperialismo supo crecer.

Como quiera que Rusia ha resultado imposible de vencer, al iniciar su segundo gobierno, Donald Trump y su secretario de gobierno Marco Rubio comenzaron a hablar de la posibilidad de un mundo dividido en tres. A pesar de los desafortunados análisis que refieren a China y Rusia como imperios, lo cierto es que ambos gobiernos se han negado, al menos hasta ahora, y siguen promoviendo el multilateralismo.

Aunque el mundo sigue sin moverse a su antojo, tampoco ha sido capaz de detenerlos. Esto explica las criminales actuaciones de Trump y Netanyahu, y el descaro con el que pretenden legitimar el infanticidio en Palestina, el bombardeo a Venezuela o el asesinato de pescadores en el mar Caribe y las costas americanas del Pacífico, entre otros muchos crímenes de guerra que han cometido estos y otros gobiernos del norte global en los últimos años en todo el planeta. Siempre es importante recordar que estos personajes representan los intereses de su élite y no políticas personales, aunque sin duda le agregan su propia impronta.

La novedad de esta etapa de operaciones desesperadas contra reloj es que ya no presentan más argumentos que los místicos religiosos, supremacistas, y declaran a viva voz sus verdaderas intenciones. En el caso de Venezuela, hace unos meses que Washington abandonó la narrativa de la «defensa de la libertad y la democracia», también la de la «guerra contra el narcotráfico» como justificación para asesinar fríamente más de cien personas en lanchas en los últimos cinco meses y dictar recompensa por el presidente Maduro y otros funcionarios del país. Ahora asume públicamente que su único interés es apoderarse del petróleo de Venezuela y sus ingentes recursos minerales.

Los días previos a la operación

Luego de más de dos meses de bloqueo naval de las costas venezolanas, las masacres cometidas en el mar Caribe y el robo de barcos petroleros, la Casa Blanca había publicado la nueva «Estrategia de Seguridad Nacional 2025», que incluía una alusión explícita a la Doctrina Monroe que ya en septiembre del 2018 Trump había relanzado ante la Asamblea General de las Naciones Unidas durante su primer gobierno, a la que agregaba ahora las amenazas de acciones militares directas a cualquier país del continente que no defienda los intereses estadounidenses; un repliegue que más que táctico luce estratégico.

En el mes de diciembre, Estados Unidos y sus aliados ejecutan operaciones militares reales contra Rusia, China e Irán, como operaciones simultáneas, regulares e irregulares que además sirvieron como maniobras de distracción, para romper la unidad obligando a cada una de estas potencias militares a defenderse a sí misma y dificultar cualquier apoyo a la nación caribeña.

Se puede ver cómo el 17 de diciembre se autoriza la venta de armamento a Taiwán, lo que ocasiona que el 29 de diciembre China realice el mayor despliegue naval de su historia. Entre el 28 y el 29 de diciembre se lanzan 91 drones contra una de las residencias oficiales de Vladimir Putin, y el mismo 28 de diciembre comienzan unas protestas en la República Islámica de Irán, por supuesto apoyadas por el sionismo y los Estados Unidos, y finalmente el 2 de enero Donald Trump amenaza directamente a Irán con atacarlo.

Además de eso, en este preámbulo, Polymarket, una de las páginas de apuestas políticas más importantes de este mercado virtual, lanza la pregunta de si el presidente Nicolás Maduro saldría del poder en diferentes fechas, y una persona anónima apuesta a la fecha correcta unas pocas horas antes de que se ejecute la agresión y el secuestro, lo que le genera ganancias de cientos de miles de dólares. También hubo movimientos con los valores de los bonos soberanos venezolanos que sugieren que la especulación y la acumulación financiera jugaron macabramente con el destino del pueblo venezolano.

Otro detalle que parece haber pasado desapercibido pero que nos parece interesante destacar, porque en política no hay casualidades, y porque puede ser una variable para tener en cuenta en futuros análisis, es que los Estados Unidos tiene en su estructura ideológica una religiosidad muy llena de supersticiones, y aquí pudo verse. Por ejemplo, el mes de septiembre es un mes en el que realizan operaciones militares importantes. Puede tener que ver ciertamente con flujos económicos o incluso con tiempos administrativos, pero siempre nos pareció que había allí algo de ese fetichismo típico de la cultura protestante anglosajona. En el caso de esta operación del 3 de enero del 2026 contra Venezuela, queremos señalar que tiene solo minutos de diferencia (ambas entre la 01:00 y las 02:00 a.m.) con la operación que ordenó y reivindicó públicamente Trump, el 3 de enero del 2020, en Irak, para asesinar al comandante de la fuerza Al Quds de la Guardia Revolucionaria Islámica de Irán, Qasem Soleimani.

Los días que siguen

Los pocos detalles que pueden conocerse hasta ahora desvelan que aquí se probaron armas nuevas que, entre otras cosas, impidieron el funcionamiento de la tecnología defensiva rusa y china, lo que fue ratificado por el presidente estadounidense en el Foro de Davos, y pueden haber dejado algún tipo de contaminación. También se sabe que, aunque traten de ocultarlo, sí hubo bajas norteamericanas. Otra cosa que comprobaron estos hechos fue el tamaño y el compromiso internacionalista de la Revolución cubana que derramó en esta tierra la sangre de 32 héroes que trataron de impedir la barbarie y murieron junto a los y las militares venezolanas.

Contrario a lo que muchos análisis quieren hacer ver, lo poco que ya se sabe ratifica que nunca fue sencillo atacar a Venezuela, ni política ni militarmente, por eso lo que aseguraban sería «quirúrgico» terminó en masacre, asesinato de civiles, daños en viviendas, universidades, escuelas, etc.

Luego de celebrar su triunfo, Trump, con su acostumbrada grandilocuencia, habló del futuro de Venezuela negando la posibilidad de que María Corina Machado asumiera el gobierno dada su falta de apoyo popular, pero tampoco nombró siquiera a Edmundo González Urrutia ni mucho menos a Juan Guaidó. El líder de aspiraciones tiránicas dijo que la única persona que podía tener la capacidad de gobernar Venezuela era Delcy Rodríguez, la vicepresidenta del Gobierno bolivariano. Hasta los informes de la CIA confirmaban que Chávez y Maduro siempre dijeron la verdad: el pueblo venezolano no está dispuesto a aceptar el regreso de la oligarquía al poder, y de hacerlo por la fuerza, el país se sumergiría en una guerra civil.

El poder de la bota estadounidense no se traduce en poder político en este lugar del Caribe. Aunque el presidente estadounidense se ha dedicado a su habitual fanfarroneo, y a tratar de socavar la unidad en el chavismo. Delcy Rodríguez no asumió el cargo arbitrariamente ni escoltada por la CIA o el ejército invasor, sino que acude al Tribunal Supremo de Justicia para que este garantice el apego a la constitución de su nombramiento; espera a la instalación de la Asamblea Nacional mayoritariamente oficialista, que se realizó dos días después, tal como está contemplado para que esta la ratifique, y, finalmente, acude a la tumba del presidente Chávez, luego de su nombramiento como presidenta encargada, enfatizando que su encargaduría terminará cuando retorne el presidente en ejercicio Nicolás Maduro Moros. En todos estos trámites y en los días siguientes, es acompañada por el ministro del Poder Popular para las Relaciones Interiores y líder popular del chavismo Diosdado Cabello, el reelecto presidente de la Asamblea Nacional Jorge Rodríguez, el ministro del Poder Popular para la Defensa Vladimir Padrino López y un gran número de movimientos sociales y partidos políticos.

Las organizaciones populares que salieron a la calle el mismo día de la operación, esperando enfrentar una incursión terrestre que abriera las posibilidades de un enfrentamiento cuerpo a cuerpo, fueron regresando a sus barrios y campos lentamente en los días siguientes. Pero una breve demostración de su despliegue y su ansiedad de combate tras la herida que dejaron estos sucesos alcanzó a verse durante las primeras 36 horas en las calles de Caracas y de algunas otras ciudades. Esa fuerza sigue latiendo a la espera de que sea convocada por la vía de los hechos o por el llamado del liderazgo bolivariano, que continúa visiblemente unido, a pesar de la guerra mediática y las muecas del señor de Washington.

Mientras tanto, en Nueva York, Nicolás Maduro compareció por primera vez ante el tribunal, y se declaró como un presidente secuestrado. Esto es muy importante, porque hay una matriz de opinión que pretende negar su calidad de primer mandatario y legitimar la barbaridad y la aplicación extraterritorial de las leyes estadounidenses, sustentando el imperialismo jurídico al decir que el presidente fue detenido, que está preso o que fue, incluso, extraído, como si hubiera sido abducido. Luego se identificó como prisionero de guerra, invocando al derecho internacional que ahora ellos quieren sepultar. Su fortaleza, su tranquilidad y los mensajes que incluso con sus manos atadas ha enviado son parte fundamental de las razones por las que hoy hay tranquilidad en el país. Su imagen y su señal de victoria se ven todos los días en las diversas manifestaciones masivas por su liberación que se realizan cotidianamente en Caracas.

Como si fuera poco, el departamento de justicia ya tuvo que hacer retroceder el discurso sobre «el Cartel de los Soles», porque no tienen modo de probar ante un tribunal su existencia, y mucho menos que el presidente Nicolás Maduro lo dirija. Como por arte de magia también ha venido desapareciendo el «Tren de Aragua» de los titulares del mundo y en particular de los EE. UU. y de Nuestra América, donde su mención era cotidiana como parte de lo que queda en evidencia como una campaña permanente. La guerra mediática y algunas de las medidas coercitivas unilaterales que se han dictado comienzan a retroceder porque Estados Unidos necesita negociar con el actual Gobierno venezolano.

Hoy el poder estadounidense en Venezuela está en duda, incluso para el sector petrolero. El precio del petróleo solo ha reaccionado a las amenazas que hoy se vierten sobre la República Islámica de Irán, y los millonarios capitales que lo controlan aún esperan con cautela las consecuencias de las negociaciones que sin duda se están dando con el Gobierno venezolano. Pero también esperan los resultados de las elecciones de medio término que aparentemente serán muy desfavorables para el Partido Republicano; aunque no hay que descartar la posibilidad de que el ejército paramilitar trumpista, llamado ICE, termine por desatar una guerra civil que la élite que está dirigiendo este caos constructivo cree posible manejar, y tal vez ganar, pero que, en principio, le permitiría buscar mecanismos para evitar cualquier elección interna so pretexto de la seguridad nacional, pues ni su tan invocada carta magna es obstáculo para los planes de los que la operación contra Venezuela es solo la punta visible del iceberg.

De la crisis a la oportunidad

Si el asesinato del general Soleimani violó el derecho internacional y el sionismo ha sepultado el derecho internacional bajo las ruinas de Gaza, si en Yemen, Líbano, Sudan, Nigeria, Haití y hasta en el propio territorio estadounidense se ha declarado la muerte de eso que alguna vez se conoció como «derechos humanos», esta operación contra Venezuela es un hito mortal para el derecho internacional, que puede terminar de derrumbar todo ese sistema, comenzando por la propia Organización de las Naciones Unidas (ONU).

De ese modo lo señaló el representante ruso Vasily Nebenzya, en la reunión de emergencia del Consejo de Seguridad de la ONU, el 5 de enero de 2026, al calificar esta operación de criminal, neocolonialista e imperialista, preguntando sarcásticamente, si en lugar de reformar la ONU, como se planteó en su ochenta aniversario, es más bien ahora Washington el lugar al que todos los países deben acudir para pedir una «patente de dominio», y aseguró que incluso los más acérrimos atlantistas están asustados tras esta acción. Los posteriores discursos de Dinamarca y Francia dieron cuenta de ello.

Otros foros internacionales se han pronunciado de distintas maneras, pero lo más importante ha sido el inmenso número de pronunciamientos, protestas y acciones diversas de los movimientos sociales, organizaciones políticas y personalidades del mundo, que incluso en Estados Unidos y Europa han salido a las calles para protestar contra esta invasión y exigir la liberación del presidente venezolano y su esposa.

En principio, esta crisis del sistema internacional y su estructura legal puede verse como una oportunidad para una construcción de alternativas jurídicas contrahegemónicas que realmente respondan a los intereses populares.

La Paz como estrategia

En momentos en que el imperialismo desata la guerra para sostenerse, la Paz (con «P» mayúscula) se convierte en estrategia revolucionaria. Pero en medio de esta guerra multidimensional, comunicacional y cognitiva, el concepto de paz entra en disputa.

En octubre del 2025 Donald Trump visitó Palestina ocupada, y ahí, en el congreso del ente colonial, alabó a Benjamín Netanyahu por su efectividad bélica, y citó sus palabras: «Es como tú dices, Bibi, paz a través de la fuerza, de eso se trata».

Como era previsible, esta frase se convirtió en estrategia estadounidense y ahora se repite como un mantra imperialista para encubrir sus intenciones genocidas.

Esa «paz por la fuerza» que el sionismo ha pretendido imponer en los territorios ocupados es la misma que la ahora llamada «Doctrina Donroe» trata de ejemplarizar con este ataque ilegal e ilegítimo a Venezuela y, para mayor claridad, es el Departamento de Guerra estadounidense el encargado de lograrla.

En los tiempos por venir, los pueblos deberán decidir si aceptan la «paz por la fuerza», es decir, la pacificación, o si continuarán luchando por la Paz como una construcción histórica que implica justicia en todas sus dimensiones, y que urge incluso, para preservarnos como especie.

En Venezuela esa Paz se construye y se defiende, es eje transversal incluso de las políticas de gobierno y del autogobierno comunal que se ha ido gestando, con avances y retrocesos, pero que sigue en pie luego de más de dos décadas. Hay que decir que hoy, hasta la oposición venezolana que vive dentro del país se niega a ser parte de la guerra.

Contraria a esa oposición que celebró en las calles de algunas ciudades del exterior el secuestro del presidente y el bombardeo al territorio venezolano, la oposición que reside dentro del país prefiere la tranquilidad. Las huellas de la violencia criminal de la ultraderecha en las llamadas «Guarimbas» de años anteriores y la terrible experiencia del pasado 3 de enero han profundizado la brecha entre quienes adversan el Gobierno desde adentro y quienes lo hacen desde el exterior. La popularidad de Guaidó, González Urrutia y María Corina Machado dentro del territorio nacional está en los niveles más bajos de su historia y sus financistas lo saben.

En parte por las heridas que dejó la violencia de los años anteriores, cuando sectores ultraviolentos llegaron a quemar vivos a varios venezolanos y acabaron con la tranquilidad habitual del país, y también por es muy distinta a la que ha crecido entre los discursos de odio y el resentimiento que le ha generado no comprender las razones de la crisis económica que le obligaron a abandonar su tierra, esa que en algunos países salió a las calles a celebrar esa noche de terror que quedó marcada en la memoria de quienes la vivimos.

Nadie debería tropezar dos veces con la misma piedra, pero quienes atacan a Venezuela son tercos en su empeño, quizás porque la subestiman y el pueblo es una variable que no entra en sus cálculos. Creyeron que la muerte de Chávez detendría la Revolución Bolivariana y fracasaron, ahora creyeron que, con el secuestro de Nicolás Maduro, las muertes y el terror causado por sus tropas, la Revolución se detendría y, la verdad es que la institucionalidad sigue en pie, las calles están en total tranquilidad, y en pocos días se realizará la primera consulta comunal de este año. Ya las comunas se activan para discutir los proyectos que votarán para que sean financiados por el Estado. El resultado inmediato sigue demostrando que la Revolución Bolivariana es un proyecto histórico de arraigo popular. En cambio, la tranquilidad de Caracas estos días contrasta con la de Minneapolis.

La gravedad del tiempo histórico

No hay modo de cerrar estas líneas con la satisfacción de haber presentado un análisis completo del impacto que esta operación ha tenido en las relaciones de fuerza nacionales e internacionales, no solo por la brevedad exigida sino, sobre todo, por la cercanía temporal de los hechos. Ni siquiera nos tranquiliza la convicción de haber transmitido la paradójica sensación de victoria que nos acompaña en medio de estas dificultades y las amenazas. Habrá que conformarse con haber dejado claros algunos elementos que muestren la gravedad de esta operación estadounidense contra Venezuela y su relación con una crisis imperialista que está entrando en su década definitiva.

Hay elementos para creer que esta operación contra Venezuela desató el principio del fin del imperialismo y que, más allá de su necesidad de petróleo para el proceso de reindustrialización estadounidense, su costumbre de robar y su angustia por romper los vínculos de Nuestra América con China, Rusia e Irán, está un proyecto plutocrático que quiere precipitar una hiper concentración capitalista a su favor, desatando una guerra difusa y multidimensional contra los pueblos y los gobiernos que no se le subordinan.

El gigante del norte, epicentro imperialista, una vez que ha fracasado relativamente el uso de su poder político en la guerra arancelaria, retoma con fuerza las operaciones militares a sabiendas de que esta sigue siendo su mayor fortaleza; para esto necesitaba demostrar a China y Rusia que podía superar su tecnología de guerra, por supuesto, indirectamente. Y ahora tratan de usar la operación «Resolución Absoluta» y su convenientemente aparente locura, que no se detiene ante ninguna ley, como bandera para intimidar a los intimidables e impactar en las relaciones de fuerza internacional, del mismo modo que a lo interno han desatado a un ejército paramilitar nazi sionista llamado ICE.

El miedo, la derrota psicológica, son la clave. Por eso también intentan usar como propaganda contra los pueblos en lucha el supuesto derrocamiento de la Revolución Bolivariana, uno de los proyectos históricos contrahegemónicos más fuertes de este siglo.

Pero su gloria militar se reduce a las amenazas prepotentes de un ejército que no se atreve al combate cuerpo a cuerpo, que se dedica a asesinar desde el aire a personas en lancha sin ningún armamento a la vista, bombardear batallones dormidos y masacrar cuerpos de guardia para secuestrar un presidente rápidamente, antes de que el pueblo despierte y reaccione.

Sin negar su poder de fuego real, la astucia de sus maniobras políticas y la falta de humanidad que guía su poderosa economía, no hay elementos objetivos que puedan mostrar el ataque imperialista a Venezuela como evidencia de su fortaleza. Más allá de la propaganda y la mirada soberbia de sus actores, su miedo y sus debilidades han quedado al descubierto.

Todos los pueblos del mundo que hemos visto en las calles de distintas ciudades del planeta han mezclado las banderas de Venezuela con las de Cuba y Palestina. Son las imágenes de una consciencia histórica.

El sionismo, siempre a la vanguardia del desprecio a la humanidad, probó hasta dónde el mundo era capaz de tolerar un genocidio, hasta dónde íbamos a mirar con normalidad el infanticidio, y aún hoy no hemos sido capaces de detenerlo; ahora no hay ley, no hay norma, no hay ruego, se sienten impunes, indetenibles. Pero la realidad es que Palestina continúa resistiéndose al más horrible exterminio, al igual que Yemen, Líbano, Irán, etc. Entre avances y retrocesos no logran su victoria en Asia Occidental, tampoco en África donde su violencia directa e indirecta ha sido permanente desde hace más de cuatro siglos.

Si el fin del imperialismo va a ser el fin del capitalismo o solamente el fin de esta fase imperialista del capitalismo, es lo que está por verse y sobre todo lo que está por construirse. No bastará sustituir el mundo unipolar por uno multipolar; si esa construcción histórica no se plantea superar el capitalismo, más temprano que tarde volverá a surgir el imperialismo.

Desde Rusia, recientemente el jefe de inteligencia habló de cómo esta agresión a Venezuela era una evidencia del fracaso del liberalismo. En Asia se habla de una desoccidentalización del mundo y se reivindican sus diversas culturas milenarias. En África se levantan las banderas de la descolonización. Nuestra América no se quedará atrás; cuando el imperialismo ha desatado su poder genocida la lucha por la vida es bandera de los pueblos en cada rincón de este continente, con armas o sin ellas. Venezuela, junto a Cuba, continúa proponiendo el socialismo, avanzando en la construcción de un Estado Comunal que intenta romper paradigmas y viejas estructuras.

Otra conclusión posible de este análisis la expresa el profesor venezolano Martín Pulgar cuando plantea que a la guerra imperialista multidimensional hay que responder con una guerra de liberación multidimensional. Si han desatado su poder genocida hasta en las calles de los Estados que controlan, es porque temen al poder popular más que a sus competidores. Vale la pena recordar que en circunstancias similares se ganó la independencia americana y se levantó la Revolución rusa.

Sin duda, este balance de la coyuntura habrá cambiado en los próximos días, meses y años. Tampoco hay que perder de vista que una nueva acción militar imperialista directa sobre Venezuela es posible en el corto o mediano plazo, así como sabotajes, asesinatos selectivos y el fortalecimiento de la oposición para inducir un golpe de Estado o para generar un caos controlado que al fin les permita el quiebre de la institucionalidad. Pero hay razones para pensar que cualquiera de estas opciones terminaría por activar la guerra popular prolongada para la que se han venido preparando cientos de miles de venezolanos y venezolanas.

Complejizando la mirada sobre lo sucedido en este rincón del sur de Nuestra América, salta a la vista que vivimos graves circunstancias históricas que no son favorables, por ejemplo, para abandonar ninguna de las formas de resistencia popular, ni mucho menos para permitir divisiones ni fragmentación de las luchas. La violencia de esta etapa apenas inicia. Irán, Cuba, Dinamarca y los propios territorios del norte de Estados Unidos pueden ser los próximos escenarios.

En términos de Gramsci, en esta década parece estarse gestando un movimiento orgánico que realmente impactará en las relaciones de fuerza mundiales. Cómo se resuelvan esas contradicciones dependerá del nivel de consciencia y unidad de los pueblos.

Del Cartel de los Soles al Tren de Aragua

Los medios españoles y la construcción de la imagen de Venezuela como un Estado mafioso

Fernando Casado

Introducción

La imagen del Gobierno venezolano se ha atacado desde los medios *occidentales* en general y los españoles en particular de forma sistemática desde que a finales del 1998 Hugo Chávez asumió la presidencia del país. Tras su muerte en el año 2013, la hostilidad mediática se incrementó cuando Nicolas Maduro ganó las elecciones. Desde entonces las sanciones de los países occidentales y la mala prensa nunca han cesado, más bien se han agudizado.

Los medios de comunicación españoles han tenido como consigna la crítica de todas las acciones del Gobierno Bolivariano, hasta el punto de celebrar con entusiasmo cuando Hugo Chávez fue depuesto por un golpe de Estado en el año 2002 que *El País* retrató en su editorial: «Golpe a un Caudillo» (*El País,* 2002). Aunque el golpe solo duró 47 horas y los golpistas demostraron haber cometido asesinatos y todo tipo de violaciones a los derechos humanos, los medios de comunicación siguieron actuando como activistas en apoyo de la oposición.

Para construir la imagen de Estado mafioso, desde los primeros años del gobierno de Hugo Chávez, se optó por relacionar al Gobierno de Venezuela con los «grupos terroristas» antioccidentales. Cuando el diario *The Washington Post* acusó a Chávez en el año 2008 de ser «aliado» de las FARC, *El País* difundió en sus propias páginas la noticia (*El País*, 2008). Cuando se estableció una línea aérea entre Caracas y Teherán para reforzar la conectividad entre Oriente Medio y América Latina sin tener que pasar por Europa, los medios españoles inventaron que los vuelos transportaban uranio para que Irán pudiera construir su bomba atómica. En 2009 pudimos leer un reportaje de *El Mundo* titulado «Los vuelos fantasma entre Teherán y Caracas», plagado de especulaciones, y en el que se afirmaba que los servicios secretos europeos (un organismo que no existe) estaría temiendo no solo el transporte de uranio, sino que se estuviera dando el pasaporte venezolano a funcionarios sirios e iraníes para burlar sus restricciones de movimientos (López, 2009).

La prensa española se hizo eco de las acusaciones más rocambolescas, sin contrastar la información o las fuentes cuando se trataba del Gobierno de Venezuela. El diario *ABC* publicó en el año 2015 una entrevista que tituló «Nicolás Maduro negoció con Hizbolá la presencia de sus milicianos en Venezuela», en el que se dieron por ciertos los vínculos entre la milicia libanesa y el Gobierno Bolivariano, sin que hubiera ninguna prueba de ello (Blasco, 2015b).

Estos son solo algunos ejemplos ilustrativos sobre todo lo escrito sobre Venezuela para construir la imagen de estado canalla; la lista, de hecho, es prácticamente interminable, pero ahora profundizaremos en dos casos construidos por el Gobierno de EE. UU. y vigentes en la actualidad: el Cartel de los Soles y el Tren de Aragua.

El mito del Cartel de Soles

En marzo del año 2015, el Gobierno de Barack Obama, mediante un decreto presidencial, declaró a Venezuela una amenaza para la seguridad nacional de EE. UU., y justo en esos meses se volvió portada la existencia de una organización dedicada al narcotráfico en Venezuela, llamada el «Cartel de los Soles» y que estaría dirigida por Nicolas Maduro y miembros de su gabinete.

La primicia sobre las actividades del Cartel de los Soles la dio el diario *ABC* en agosto de 2015, en la nota titulada «El jefe de seguridad del número dos chavista deserta a EE.UU. y le acusa de narcotráfico» (Blasco, 2015). Leamsy Salazar se llamaba el «desertor», y la Fiscalía Federal del Distrito Sur de Nueva York abrió una investigación para llegar al fondo del asunto. Una década después no se sabe nada del desarrollo de la supuesta investigación, aunque de lo que sí tenemos certeza es de que el diario *ABC*, tal y como se expuso en la obra *Antiperiodistas*, es un periódico que ha colaborado directamente con los servicios secretos estadounidenses y la CIA (Casado, 2015).

Las repercusiones de la primicia de *ABC* no se hicieron esperar, y en los días siguientes los principales diarios estadounidenses publicaron notas centradas en la relación entre el Gobierno de Nicolás Maduro y el tráfico de drogas. *The Wall Street Journal* sacó el reportaje «Funcionarios venezolanos, bajo sospecha de convertir el país en un centro global de la cocaína» (De Cordoba & Forero, 2015), y, en la misma línea, en *The New York Times* apareció la nota «EE.UU. centra su amplia investigación sobre cocaína en altos oficiales venezolanos» (Schmidt, 2015). Como vemos, la prensa internacional, pese a sus *matices ideológicos,* manifiesta una línea homogénea cuando se trata de la Revolución Bolivariana (Casado, 2017). Estas noticias dieron paso a una fantástica fábula en torno al que fue bautizado como Cartel de los Soles, con artículos que se publicaron desde entonces hasta nuestros días de forma periódica, para nunca dejar de alimentar el relato.

No obstante, la falta de pruebas ha hecho complicado poder mantener vivo el tema, pese a que la información sensacionalista sobre Venezuela siempre vende. Para tratar de dar mayor credibilidad a la prensa también se involucran *think tanks* estadounidenses, como Insight Crime, que ha escrito gran cantidad de reportajes e informes sobre el asunto. En el año 2018 publicó su investigación «Venezuela: ¿Un Estado mafioso?» (Insight Crime, 2018), en el que se le dedica todo un capítulo a la trama del Cartel de los Soles y a los vínculos entre altos funcionarios del gobierno de Nicolás Maduro y el narcotráfico:

> Durante los últimos tres años, InSight Crime ha estado haciendo acopio de información sobre altos oficiales, activos o retirados, que han estado implicados en tráfico de cocaína. Tenemos 123 archivos. Sin embargo, por motivos legales no publicaremos la lista completa. En lugar de eso adjuntamos aquí algunos datos de aquelles contra quienes creemos tener evidencia muy sólida. (pág. 14)

La expectativa creada distó mucho de la realidad: en todo el informe dedicado a la fábula del Cartel de los Soles no hay nada sólido, solo puras especulaciones, fuentes no identificadas, los mismos delatores del año 2015 y las mismas notas de prensa de ese año. Es decir, ninguna información adicional sobre el Cartel de los Soles es aportada. Incluso a día de hoy, en el año 2026, tras toda una década tras el Cartel de los Soles, no ha habido ningún avance en torno a sus derroteros, ni siquiera un alijo que tuviera como origen esta organización. Pero la prensa internacional se hace eco de estos estudios interesados para darle una mayor repercusión: *El País,* en base a la información de *Insight Crime,* publicó el reportaje «Venezuela, de país de tránsito a productor de cocaína» (Moleiro, 2023).

No obstante, parecía que el paso del tiempo había agotado el caso de El Cartel de los Soles y que había llegado el momento de encontrar algún otro invento para alimentar la narrativa del Estado mafioso de Venezuela. Apareció entonces el Tren de Aragua, para relacionar una vez más al Gobierno de Maduro con el crimen organizado, y, como siempre, se contaba con la ayuda de la prensa para dar credibilidad al relato.

Trump y la confrontación con el Gobierno de Venezuela

La llegada de Donald Trump a la presidencia de los EE. UU. ha significado un empeoramiento y mayor hostilidad hacia Venezuela. Trump ha apoyado abiertamente a la oposición política al Gobierno de Nicolás Maduro y ha continuado presionando económicamente a Venezuela con sanciones, buscando su desestabilización. A estas políticas, que han sido habituales en la última década desde el gobierno de Barack Obama, se ha añadido una agresiva política de extradiciones de ciudadanos venezolanos en territorio estadounidense. Para justificarlo y poder llevar a cabo las deportaciones sin trabas judiciales y administrativas, la Casa Blanca invocó la aplicación de la Ley de Enemigos Extranjeros, tras declarar a la organización delictiva del Tren de Aragua, de origen venezolano, como una organización «terrorista extranjera con miles de miembros alineada con el régimen de Maduro» (The White House, 2025). Según el Gobierno de Trump, el Tren de Aragua estaría operando «en conjunto con el Cartel de los Soles» y «llevando a cabo una guerra irregular» en el territorio de Estados Unidos.

Pero las acusaciones de la Casa Blanca contra el Gobierno de Nicolás Maduro no han tenido la cobertura habitual en los medios de comunicación internacionales y españoles. En el pasado, un señalamiento contra el Gobierno de Venezuela, relacionándolo con grupos terroristas y procedente del Gobierno de EE. UU., habría sido reproducido a pie juntillas por la prensa española, cuyo cometido habría sido, en la práctica, servir como el altavoz de la Casa Blanca, sin hacer ningún tipo de cuestionamiento, análisis o contraste de fuentes. Sin embargo, en esta ocasión, los medios de comunicación no solo no le han dado un cheque en blanco al Gobierno de Trump, sino que han realizado cuestionamientos a sus decisiones, hasta ahora inéditos. Incluso el diario *El País*, detractor acérrimo de los gobiernos de izquierda latinoamericanos, publicó el titular «Verdad, mentira y mito sobre el Tren de Aragua», en el que contradijo la narrativa estadounidense sobre los vínculos del gobierno de Maduro con la delincuencia organizada:

> La Casa Blanca asegura que detrás de El Tren de Aragua se encuentran Nicolás Maduro y los principales dirigentes del Gobierno venezolano. Los expertos no descartan que en el pasado haya habido algún tipo de negociación entre la organización criminal y el chavismo, pero a día de hoy no hay ninguna prueba que los vincule de manera directa.

Sorprende el contraste, cuando hace una década el motivo de la administración de Barack Obama para hostigar al Gobierno chavista fue el Cartel de los Soles, y entonces, *El País* otorgó una total veracidad a especulaciones fantasiosas. De ahí que se publicaran notas en el año 2015 como la titulada «Nueva luz sobre el misterioso cartel de los soles» (Schanferberg, 2015), cuyo subtítulo afirmaba «La investigación de EE UU sobre el "número dos" de Venezuela destaca la oscura relación de los militares y el narco». Nunca esas investigaciones avanzaron, ni se volvió a saber de ellas, pero, claro, en aquellos años era Obama el presidente de los EE. UU., Premio Nobel de la Paz y ungido por la prensa y el establishment. De hecho, cuando en marzo de 2015 Obama declaró a Venezuela una amenaza para la seguridad de EE. UU., la decisión fue aplaudida, aunque no tuviera ni pies ni cabeza.

¿Qué ha pasado entonces para que la versión de EE. UU. sobre el Gobierno de Venezuela no sea reproducida por los medios de comunicación y se estén atreviendo a matizarla e incluso contradecirla? Parece que la desconfianza hacia Trump por parte de la prensa internacional y ciertas élites es mayor al odio visceral contra Venezuela.

Trump y la política migratoria con enfoque terrorista

Trump llegó al poder generando grandes expectativas en su electorado, al que prometió, dado su corte xenófobo, una política de fronteras cerradas y masivas deportaciones. Durante los gobiernos anteriores, incluido el primero de Trump, la política hacia Venezuela había consistido en ahogar su economía con sanciones, bloquear el país y expropiar los activos del país en Estados Unidos, como la empresa estatal CITGO, valorada en más de trece millones de dólares. Al mismo tiempo, EE. UU. trató con cierta «benevolencia» a los migrantes venezolanos, que arribaron como resultado de las mismas políticas económicas de acoso contra el Gobierno Bolivariano. Se calcula en alrededor de 600.000 el número de migrantes venezolanos en EE. UU. que se habrían beneficiado del Estatus de Protección Temporal (TPS, por sus siglas en inglés) concedido en procesos llevados a cabo en los años 2021 y 2023 (BBC, 2025). Ahora serían cerca de 350.000 los migrantes regularizados en el año 2023 a los que Trump estaría dejando sin ningún tipo de protección y querría deportar a Venezuela.

Para poder justificar su radical giro en las políticas migratorias hacia Venezuela, Trump declaró a la banda criminal del Tren de Aragua como una amenaza contra los EE. UU., e invocó la ya citada Ley de Enemigos Extranjeros de 1798 para deportarlos de forma expedita sin trabas legales que pudieran retrasar los procesos de expulsión.

Casi de forma inmediata empezaron a fletarse vuelos llenos de venezolanos deportados. Entre febrero y diciembre de 2025, hubo 76 de estos vuelos, en los que fueron expulsados 14.310 venezolanos (Human Rights Monitor, 2026, p. 5). No obstante, las medidas tomadas hasta ahora por la administración estadounidense son más un show mediático que una política migratoria eficiente, ya que, a este paso, se tardaría más de dos décadas en repatriar a los 350.000 venezolanos a los que Trump retiró la protección migratoria.

Pero a los señalados de pertenecer al Tren de Aragua, considerados enemigos extranjeros, no era suficiente con devolverlos a Venezuela, y corrieron una suerte muy distinta. Más de 250 personas fueron enviadas a El Salvador, a la prisión de alta seguridad Centro de Confinamiento del Terrorismo (Cecot), sin orden judicial y en secreto. Los privados de libertad en el Cecot fueron sometidos a condiciones durísimas, sin luz natural, ni visitas, ni llamadas, comiendo únicamente arroz y frijoles y durmiento en planchas de hierro, con un sistema de supervisión continuo, un confinamiento de aislamiento total en donde están internados los pandilleros más peligrosos de El Salvador (Quesada, 2024).

El Instituto Cato ha determinado que muchas de las personas enviadas a El Salvador estaban en condición legal en EE. UU.; otras habían entrado legalmente y no tenían ningún tipo de antecedentes penales, ni existe justificación alguna de su deportación; de hecho, el único argumento esgrimido por las autorides estadounidense han sido tatuajes sospechosos (Bier, 2025). Algo común en todas las deportaciones efectuadas a El Salvador es que adolecieron de transparencia y no existió ninguna información sobre los procedimientos y motivaciones para llevarlas a cabo. Lo que sí se conoce es el monto de 20.000 dólares que el presidente salvadoreño, Nayib Bukele, habría recibido en concepto de mantenimiento de cada persona privada de libertad enviada a su país. Estas medidas draconianas de encarcelamiento incluso atrajeron la atención de la prensa internacional, como *El País,* que publicó, titulares como el siguiente: «Las familias de los venezolanos encerrados en la megacárcel de Bukele cumplen dos semanas sin contacto con ellos» (Singer, 2025).

Lo más grave es que la mayoría de los deportados a El Salvador no habían cometido ningún tipo de crimen, ni en EE. UU., ni en en el exterior, y el Gobierno de Trump lo sabía. Tan solo 32 deportados habrían cometido algún tipo de delito en EE. UU. y en su mayoría sin violencia, como robos en tiendas o infracciones de tránsito, y veinte fueron arrestados o condenados en el exterior. Desde ningún punto de vista se justificaba la «invasión» de venezolanos anunciada por Trump, pero fue la mejor forma que este encontró para aplicar sus medidas xenófobas.

Gracias a las gestiones del Gobierno de Venezuela fueron finalmente liberados el el 18 de julio de 2025, contando las vejaciones y torturas a las que fueron sometidos durante su injusto confinamiento.

Las decisiones de Trump han encontrado poca resistencia, pese a saltarse a la torera a todo el sistema judicial, y aquellos que se han atrevido a contradecir sus decisiones no han acabado bien. Así le ocurrió a Michael Collins, presidente del Consejo Nacional de Seguridad, y a su adjunta, que fueron removidos de sus cargos después de publicar un informe que minimizaba la capacidad de acción del Tren de Aragua, y al que, además, se desvinculaba del Gobierno de Venezuela (Strobel, 2025). De hecho, el informe, que pudo hacerse público gracias al Freedom of Information Act (FOIA o Ley de Libertad de Información que obliga a las agencias del Gobierno federal a divulgar registros e información pública a cualquier persona que la solicite por escrito), estableció que Maduro no estaría detrás de las actividades del Tren de Aragua, contradiciendo de manera frontal la narrativa de la administración estadounidense: «Aunque el entorno permisivo de Venezuela habilita que el Tren de Aragua opere, el régimen de Maduro probablemente no tiene una política de cooperación con el Tren de Aragua ni dirige sus movimientos ni operaciones hacia Estados Unidos» (National Intelligence Council, 2025, 2).

Mientras que la institucionalidad estadounidense no ha podido hacer nada para detener a Trump, el presidente estadounidense ha encontrado una mayor resistencia en los medios de comunicación.

El Tren de Aragua: la continuación del mito mediático

La relación entre la organización criminal el Tren de Aragua, declarada terrorista, y el Gobierno de Nicolás Maduro es el fundamento de la decisión del Gobierno de Donald Trump de aplicar la Ley de Enemigos Extranjeros, la deportación masiva de venezolanos, las sanciones que han buscado el estrangulamiento financiero de Venezuela y la excusa para secuestrar al presidente Nicolás Maduro. Pero ¿qué hay de cierto y de fantasía de todo lo dicho sobre el Tren de Aragua?

Lo que sabemos a día de hoy es que el Tren de Aragua constituye una organización de crimen organizado transnacional de origen venezolano que ha cometido crímenes en una gran cantidad de países del hemisferio americano, desde Chile a EE. UU. Todas las fuentes coinciden en situar el nacimiento del Tren de Aragua en un sindicato mafioso cuyas actividades giraron en torno a la construcción de un tren que nunca se concluyó. Por sus actividades delictivas alrededor del año 2010, los miembros de esta banda habrían acabado en la cárcel de Tocorón, en el estado Aragua de Venezuela. En este centro penitenciario los líderes del Tren de Aragua fueron forjando la organización criminal que ahora es señalada por Trump como terrorista.

La internacionalización de la banda se daría a partir del año 2018, coincidiendo con el recrudecimiento de las sanciones económicas de los países *occidentales* en contra de Venezuela y la masiva migración de sus ciudadanos. La banda dirigía las operaciones desde la cárcel de Tocorón donde se encontraban los líderes, pero se identificaron actividades del Tren de Aragua en Colombia, Perú, Chile y EE. UU., cuya base delictiva ha sido la extorsión, pero cometiendo todo tipo de crímenes, incluido el asesinato. En el año 2023, el Gobierno venezolano entró en la cárcel de Tocorón con la intención de tomar el control del centro penitenciario y desmantelar el Tren de Aragua. Se clausuró así la que hasta entonces había sido la guarida de la banda criminal, pero algunos de sus líderes pudieron escapar y probablemente salir de Venezuela, donde la presión de las autoridades les resultó insoportable.

Sobre la relación entre el Tren de Aragua y el Gobierno de Venezuela, no existe ninguna evidencia; de hecho, fue desmentida por los servicios de inteligencia en EE. UU. (Savage & Barnes, 2025). Solo el FBI, en un informe de enero de 2025, aseguró la existencia de nexos y la intención del presidente Maduro de utilizar la organización criminal del Tren de Aragua para desestabilizar los países en que actúa (FBI, 2025). Contradicciones tan evidentes entre las distintas agencias de inteligencia desvelan la lucha de poder entre ellas y la cooptación del Gobierno para su instrumentalización política.

El cambio de línea editorial de los medios de comunicación

Trump representa un cambio en la visión del mundo, frente al entusiasmo globalizador que ha hegemonizado la geopolítica mundial liderada por EE. UU. desde la segunda mitad del siglo XX y que se radicalizó en las últimas cuatro décadas de euforia financiarista. El 48º presidente estadounidense pretende ahora volver a políticas proteccionistas que se consideraban ya historia. Para las élites económicas que han impulsado el libre comercio internacional, Trump es considerado una amenaza por el alto nivel de incertidumbre que genera a sus intereses.

Los medios de comunicación, con sus hilos siempre movidos por el *statu quo*, han sido una piedra en el zapato del dos veces presidente de EE. UU. Las ocurrencias histriónicas, como anexionarse Groenlandia, hacerse con el Canal de Panamá o dirigir Venezuela, han sido encuadradas desde la estupefacción y el escándalo, fruto de un imperialismo peligroso. El abandono del apoyo a la Ucrania de Volodimir Zelenski por parte de la administración estadounidense, en medio de la guerra, fue cubierto como un desplante del estadounidense a sus socios europeos, que fueron de nuevo golpeados cuando Trump les subió los aranceles a los productos importados por EE. UU. En consecuencia, los medios de comunicación de masas, incluidos los de derecha, no han tratado bien a Trump, a quien perciben como un sacudón al consenso de las élites.

Es sorprendente que por primera vez los *grandes* medios de comunicación internacionales y españoles hayan disentido con la administración estadounidense en la cobertura noticiosa procedente de Venezuela, y esto es precisamente lo que ha ocurrido respecto al Tren de Aragua. Pese a que el Gobierno de Trump intentó una vez más azuzar los demonios del Estado canalla dirigido por el presidente Maduro, los medios de comunicación han dado una versión más ajustada a la realidad y han preferido en esta ocasión ser *rigurosos*, contrastando fuentes de información y verificando la versión oficial con datos a la mano. De hecho, una consecuencia colateral de la llegada de Trump a la Casa Blanca es poner algo de sensatez en la cobertura de Venezuela en lo relacionado con el Tren de Aragua. Algo que nunca ocurrió cuando se construyó la fábula del Cartel de los Soles: pese a lo rocambolesco de la historia, nadie se ha atrevido a impugnar el relato de EE. UU.

Trump ha puesto de acuerdo a toda la prensa española en su contra, desde el supuestamente socialdemócrata diario *El País*, próximo al Partido Socialista, a diarios conservadores próximos al Partido Popular cómo *El Mundo* y *ABC*.

El 19 de marzo de 2025, en el diario *ABC* apareció la nota basada en las declaraciones del presidente venezolano: «El Tren de Aragua "es historia" y "no existe" en Venezuela, dice Maduro» (Efe, 2025). Un par de días después el mismo diario *ABC* publicaba las declaraciones de Diosdado Cabello, en aquel momento ministro del Interior: «Venezuela dice que el Tren de Aragua es una narrativa de EE.UU. para "estigmatizar" a migrantes» (Efe, 2025b). Pero, además, se criticaron las medidas migratorias de Trump cuando se les dio voz a los familiares de los venezolanos deportados desde EE. UU., en el mismo diario *ABC*: «Venezolanos deportados a El Salvador "no son ningunos delincuentes", aseguran familiares» (Efe, 2025c).

Por su parte, el diario *El Mundo* adopta una posición parecida. Su periodista Daniel Lozano se fue de frente en contra de Trump: «El Tren de Aragua: sangre en Sudamérica y exageración en EE. UU.» (Lozano, 2025). No solamente hay una resistencia de los medios de comunicación a secundar la versión de Trump en torno al Tren de Aragua y su relación con el Gobierno de Nicolás Maduro, sino que existe un elevado componente de ridiculización de la posición estadounidense.

Solo diarios trumpistas y cercanos a Vox, partido aliado de Trump, como *La Razón*, continúan reproduciendo la narrativa de la Casa Blanca sin cuestionamientos, como antes hicieran el resto de los diarios cuando de criticar al Gobierno Bolivariano se trataba. El periodista de *La Razón* Jesús Zuloaga reprodujo la versión interesada de EE. UU. en el artículo «Maduro utiliza la banda Tren de Aragua para desestabilizar los Estados Unidos», sin atribución ninguna de fuente y con el subtítulo «Lo que se presenta como un grupo de pandilleros son, en realidad, gente entrenada por la inteligencia bolivariana» (Zuloaga, 2024).

La vuelta del Cartel de los Soles

La falta de éxito por parte de la Administración Trump de imponer un relato a la medida de sus políticas migratorias instrumentalizando al Tren de Aragua le hizo volver la mirada al Cartel de los Soles. Esta vez los medios de comunicación sí reprodujeron y legitimaron las líneas de ataque contra el presidente Maduro que Trump pretendía imponer.

Hasta el secuestro del presidente Maduro el 3 de enero de 2026, Trump dio luz verde al bombardeo de 35 lanchas por supuestamente transportar drogas, y asesinó en estas acciones a 110 personas, lo que fue valorado por la ONU como ejecuciones extrajudiciales (DW, 2025). Sin tomar en consideración la tibia protesta de la comunidad internacional, el presidente de EE. UU. siguió actuando de manera impune, gracias a la legitimación que le dio la falta de discusión crítica en torno a la existencia del Cartel de los Soles. La prensa española publicó todo tipo de piezas periodísticas afirmando y legitimando la existencia del Cartel de los Soles y acusando directamente al presidente Maduro de estar al frente de esta organización criminal inventada.

En el pódcast de *El Mundo* conducido por Javier Attard, a finales de noviembre de 2025, bajo el planteamiento de que «Estados Unidos ha designado como organización terrorista al Cartel de los Soles», el programa se dedicó a responder una primera pregunta, «¿Qué es el Cartel de los Soles», para lo cual se invitó a Daniel Lozano, quien cubre en el diario América Latina y cuya falta de rigor le ha llevado a afirmar en todos los foros que puede la complicidad del presidente Nicolás Maduro con el narcotráfico (Attard, 2025). En el diario *El País* se publicó en septiembre una nota titulada «El cartel de los Soles, la red criminal que enfrenta a Estados Unidos y Venezuela» (Camhaji, 2025). Por su parte, el diario *ABC* entrevistó en agosto del 2025 al opositor refugiado en España, Leopoldo López, cuyo titular fue: «Maduro no solo colabora con el Cartel de los Soles: es su líder» (Gaviña, 2025).

El motivo «oficial» para intervenir militarmente en Venezuela fue acabar con el supuesto tráfico de drogas y el Cartel de los Soles. Pero tras el secuestro del presidente Maduro, Donald Trump, sin el más mínimo rubor, reconocería que el motivo e interés por Venezuela fue quedarse con su petróleo y administrar unos recursos necesarios para EE. UU. Quedaba inaugurada una nueva era de coloniaje y trato de patio trasero a América Latina, que eufemísticamente Trump ha bautizado como Doctrina Donroe (síntesis simbólica entre Donald y Monroe).

Pero, donde dije digo, digo Diego; tras tener a Nicolas Maduro en su poder, el día de su presentación ante un juez de la Corte de Nueva York, con total descaro, el Departamento de Justicia cambió la acusación contra Maduro, quien ya no era líder del Cartel de los Soles, y hasta se ponía en tela de juicio la misma existencia de la organización criminal. La noticia la dio el *New York Times*: «EE. UU. suaviza su acusación contra Maduro y cuestiona la existencia del "Cartel de los Soles"» (Savage, 2026), tras lo cual, parte de la *gran prensa occidental* reprodujo la noticia, sin una pizca de vergüenza o corrección de las líneas lanzadas hasta entonces.

Los medios de comunicación han demostrado una total capacidad camaleónica, han cambiado sus narrativas de forma pasmosa, primero mirando hacia otro lado al reconocer que el Cartel de los Soles era una falacia, y, en segundo lugar, aceptando que Trump se haya nombrado a sí mismo dueño y señor de Venezuela. En este sentido se han publicado curiosos titulares en diarios como este de *El País*: «Marco Rubio, el "virrey" de Trump en Venezuela» (Vidal Liy, 2026).

A pesar de que las acciones contra Venezuela han sido ilegales desde el primer momento y son una farsa tanto los motivos para secuestrar al presidente Maduro como el juicio que se lleva en su contra, la prensa sigue justificando a Trump. Valga solo mencionar un par de artículos de opinión publicados en *The New York Times* en los días inmediatos al secuestro del presidente Maduro, marcando la pauta a la prensa *occidental*: «Hubo buenas razones para deponer a Maduro» (Stephens, 2026) y «Trump tuvo razón al derrocar a Maduro» (Kroenig, 2026).

Los medios de comunicación siguen siendo un instrumento de dominación fundamental para imponer a la opinión pública el interés de las élites, y la forma en que se ha ido construyendo a lo largo de los años la imagen de Venezuela como un Estado mafioso es una muestra clara de ello. Al final, se ha reconocido lo que en el fondo todos sabíamos, que el secuestro de Maduro por ser líder del Tren de Aragua y del Cartel de los Soles, fueron únicamente las excusas para tener carta blanca en el saqueo de los recursos de Venezuela y acabar con un Gobierno que siempre se enfrentó al imperialismo estadounidense.

Bibliografía

Alandete, D. Trump culpa a Maduro de los delitos del Tren de Aragua. *ABC*, 24-01-2025. https://www.abc.es/internacional/trump-culpa-maduro-delitos-tren-aragua-20250124053419-nt.html

Attard, J. Trump, Maduro y el fantasma de la intervención en Venezuela: «La sensación es de ataque inminente». *El Mundo*, 27-11-2025. https://www.elmundo.es/podcasts/el-mundo al dia/2025/11/27/69279f70e9cf4a505c8b45b4.html

BBC. La Corte Suprema de EE.UU. autoriza al gobierno de Trump a eliminar el TPS para casi 350.000 venezolanos. BBC, 19-05-2025. https://www.bbc.com/mundo/articles/cq54w1jze5po

Bier, D. 50+ Venezuelans Imprisoned in El Salvador Came to us Legally, Never Violated Immigration Law. CATO Institute, 19-05-2025. https://www.cato.org/blog/50-venezuelans-imprisoned-el-salvador-came-us-legally-never-violated-immigration-law

Blasco, E. El jefe de seguridad del número dos chavista deserta a EE.UU. y le acusa de narcotráfico. *ABC*, 27-01-2015. https://www.abc.es/internacional/20150127/abci-venezuela-cabello-EE. UU.-201501262129.html

——. Nicolás Maduro negoció con Hizbolá la presencia de sus milicianos en Venezuela. *ABC*, 21-04-2015b. https://www.abc.es/internacional/20150421/abci-maduro-negocio-hizbola-201504202119.html

Camhaji, E. El cartel de los Soles, la red criminal que enfrenta a Estados Unidos y Venezuela. *El País*, 06-09-2025. https://elpais.com/internacional/2025-09-07/el-Cartel-de-los-soles-la-red-criminal-que-enfrenta-a-estados-unidos-y-venezuela.html

Casado, F. (2017). *El Cartel de los Soles. El Nuevo Invento para atacar a Venezuela.* El Perro y la Rana.

——. (2015). *Antiperiodistas. Confesiones de las agresiones mediáticas contra Venzuela.* Akal.

De Cordoba, J. & Forero, J. Funcionarios venezolanos, bajo sospecha de convertir el país en un centro global de la cocaína. *The Wall Street Journal*, 18-05-2015. https://www.wsj.com/articles/funcionarios-venezolanos-bajo-sospecha-de-convertir-el-pais-en-un-centro-global-de-la-cocaina-1431979851

DW. ONU: EE. UU. comete «ejecuciones extrajudiciales» en el Caribe. *DW*, 31-10-2025. https://www.dw.com/es/la-onu-acusa-a-ee-uu-de-violar-derecho-internacional-al-atacar-embarcaciones-en-el-caribe/a-74566928

Efe. El Tren de Aragua «es historia» y «no existe» en Venezuela, dice Maduro. *ABC*, 19-03-2025. https://www.abc.es/internacional/tren-aragua-historia-existe-venezuela-dice-maduro-20250320025106-vi.html

——. Venezuela dice que el Tren de Aragua es una narrativa de EE.UU. para «estigmatizar» a migrantes. *ABC*, 21-03-2025. https://www.abc.es/espana/venezuela-dice-tren-aragua-narrativa-EE. UU.-estigmatizar-20250321165406-vi.html

——. Venezolanos deportados a El Salvador «no son ningunos delincuentes», aseguran familiares. *ABC*. 17-03-2025. https://www.abc.es/sociedad/venezolanos-deportados-salvador-ningunos-delincuentes-aseguran-familiares-20250318033905-vi.html

El País. Golpe a un caudillo. *El País*, 13-04-2002. https://elpais.com/diario/2002/04/13/opinion/1018648802_850215.html

——. Chávez, «aliado» de las FARC. *El País*, 17-01-2008. https://elpais.com/internacional/2008/01/17/actualidad/1200524407_850215.html

Factchequeado. El gobierno de Trump sabía que la mayoría de los venezolanos enviados a El Salvador no tenía condena por crímenes en EE.UU. *Factchequeado*, 30-05-2025. https://factchequeado.com/teexplicamos/20250530/venezolanos-enviados-cecot-salvador/

Federal Bureau of Investigation. Venezuelan Government Officials use Tren de Aragua to Undermine Public Safety. FBI, 2025. https://static01.nyt.com/newsgraphics/documenttools/cf81b6125042f40a/71f6f46f-full.pdf

Gaviña, S. Leopoldo López: «Maduro no solo colabora con el Cartel de los Soles: es su líder». *ABC*, 23-08-2025. https://www.abc.es/internacional/leopoldo-lopez-maduro-solo-colabora-Cartel-soles-20250822221339-nt.html

Infobae. Llegaron a Venezuela 193 migrantes deportados por Estados Unidos. *Infobae*, 31-05-2025. https://www.infobae.com/venezuela/2025/05/31/llegaron-a-venezuela-193-migrantes-deportados-por-estados-unidos/

Insight Crime (2018). *Venezuela ¿Un Estado mafioso?* Insight Crime. https://insightcrime.org/wp-content/uploads/2018/05/Venezuela-Estado-mafioso-InSight-Crime-Observatorio-de-crimen organizado.pdf

Human Rights Monitor (2026). ICE Flight Monitor. https://humanrightsfirst.org/wp-content/uploads/2026/01/ICE-Flight-Monitor-US-Immigration-Enforcement-Flights-Report_Dec2025.pdf

Koening, M. Trump Was Right to Oust Maduro. *The New York Times*, 05-01-2026. https://www.nytimes.com/2026/01/05/opinion/trump-maduro-oust-raid.html?searchResultPosition=5

López, J. Los «vuelos fantasma» entre Teherán y Caracas. *El Mundo*, 18-10-2009. https://www.elmundo.es/elmundo/2009/10/18/internacional/1255895580.html

Lozano, D. El Tren de Aragua: sangre en Sudamérica y exageración en EEUU. *El Mundo*, 22-03-2025. https://www.elmundo.es/internacional/2025/03/22/67dd71a121efa0da418b45a0.html

Moreiro, A. Venezuela, de país de tránsito a productor de cocaína. *El País*, 14-03-2023. https://elpais.com/internacional/2023-03-14/venezuela-de-pais-de-transito-a-productor-de-cocaina.html

National Intelligence Council. Venezuela: Examining Regime Ties to Tren de Aragua. National Intelligence Council, 2025. https://www.washingtonpost.com/national-security/2025/05/14/gabbard-intelligence-venezuela-tren-de-aragua/

Quesada, J. D. Dentro del «Alcatraz» de Bukele: «Es imposible escapar. Estos psicópatas van a pasar la vida entera entre estas rejas». *El País*, 07-02-2024. https://elpais.com/america/2024-02-07/dentro-del-alcatraz-de-bukele-es-imposible-escapar-estos-psicopatas-van-a-pasar-la-vida-entera-entre-estas-rejas.html

Risquez, R. (2024). *El Tren de Aragua. La banda que revolucionó el crimen organizado en América Latina*. Editorial Dahbar.

Savage, Ch. EE. UU. suaviza su acusación contra Maduro y cuestiona la existencia del «Cartel de los Soles». *The New York Times*, 06-01-2026. https://www.nytimes.com/es/2026/01/06/espanol/estados-unidos/maduro-Cartel-soles-trump-acusacion.html

Savage, Ch. & Barnes, J. Agencias de espionaje no creen que Venezuela dirija al Tren de Aragua. *The New York Times*, 06-05-2025. https://www.nytimes.com/es/2025/05/06/espanol/america-latina/venezuela-tren-aragua-memo-trump-maduro.html

Schanferberg, E. Nueva luz sobre el misterioso cartel de los soles. *El País*, 20-05-2015. https://elpais.com/internacional/2015/05/20/actualidad/1432081421_097807.html

Schmidt, M. «EE.UU. centra su amplia investigación sobre cocaína en altos oficiales venezolanos». *The New York Times*, 19-05-2015. https://www.nytimes.com/2015/05/20/world/americas/us-focuses-on-top-venezuelan-officials-in-a-broad-cocaine-inquiry.html

Singer, F. Las familias de los venezolanos encerrados en la megacárcel de Bukele cumplen dos semanas sin contacto con ellos. *El País*, 04-04-2025. https://elpais.com/america/2025-04-04/las-familias-de-los-venezolanos-encerrados-en-la-megacarcel-de-bukele-cumplen-dos-semanas-sin-contacto-con-ellos.html

Stephens, B. There Were Good Reasons to Depose Maduro. *The New York Times*, 06-01-2026. https://www.nytimes.com/2026/01/06/opinion/maduro-venezuela-oil.html?searchResultPosition=3

Strobel, W. Gabbard fires leaders of intelligence group that wrote Venezuela assessment. *The Washington Post*, 14-05-2025. https://www.washingtonpost.com/national-security/2025/05/14/gabbard-intelligence-venezuela-tren-de-aragua/

The White House (2025). *Invocation of the Alien Enemies Act Regarding the Invasion of The United States by Tren De Aragua*. Presidental Action. https://www.whitehouse.gov/presidential-actions/2025/03/invocation-of-the-alien-enemies-act-regarding-the-invasion-of-the-united-states-by-tren-de-aragua/

Vidal Liy, M. Marco Rubio, el «virrey» de Trump en Venezuela. *El País*, 06-01-2026. https://elpais.com/internacional/2026-01-07/marco-rubio-el-virrey-de-trump-en-venezuela.html

Zuloaga, J. M. Maduro utiliza la banda Tren de Aragua para desestabilizar los Estados Unidos. *La Razón*, 22-12-2024. https://www.larazon.es/internacional/maduro-utiliza-banda-tren-aragua-desestabilizar-estados-unidos_2024122267685ee4bc785b0001683043.html

Comunas socialistas y antiimperialismo: la perspectiva marxista

Chris Gilbert

«La antítesis directa del imperio era la Comuna».

KARL MARX, *La guerra civil en Francia*

Este artículo fue escrito a comienzos de 2025 y publicado por primera vez (en inglés) en el verano de ese mismo año. Por esta razón, no hace referencia al posterior despliegue militar de Estados Unidos en el Caribe, que incluyó la ejecución extrajudicial de más de 130 lancheros y el apoderamiento violento de múltiples buques petroleros, hasta alcanzar un punto culminante con el bombardeo de Caracas el 3 de enero y el secuestro ilegal del presidente Nicolás Maduro y de la primera combatiente Cilia Flores.

No obstante, el artículo conserva plena vigencia, entre otras razones, porque explica en términos tanto teóricos como concretos la estructura más esencial de la Revolución Bolivariana: la relación dinámica, positiva y mutuamente fortalecedora entre el Gobierno revolucionario y el poder popular, cuya expresión más avanzada son las comunas socialistas. Esta relación complementaria –en la que la dirección revolucionaria desde el Estado y el pueblo organizado se potencian mutuamente y avanzan juntos– ha sido decisiva para enfrentar al imperialismo, tanto antes como inmediatamente después de los ataques del 3 de enero, y seguirá siendo fundamental para afrontar los tiempos difíciles que se avecinan.

***

LA GUERRA GENOCIDA de Israel contra Gaza, que ha ido acompañada de ataques brutales contra Cisjordania, Líbano, Irán, Yemen y Siria, todo ello respaldado y financiado con entusiasmo por Estados Unidos, ha servido para despertar a la población mundial sobre los efectos devastadores del imperialismo. Llevado a cabo con la complicidad de todos los gobiernos occidentales, el genocidio también debería abrirnos los ojos al sistema imperialista más amplio liderado por Estados Unidos. Ese sistema, incluso cuando no libra guerras abiertas contra los países del Sur Global, somete a la mayoría a una especie de asedio generalizado, a veces mediante sanciones (por ejemplo, Venezuela, Cuba, Nicaragua, China e Irán) o rodeándolos con bases militares (como en los casos de China, Corea del Norte y Venezuela, entre otros), por no hablar de la sangría sistemática de valor y recursos materiales que el imperialismo lleva a cabo en esos países, con efectos sociales y medioambientales devastadores.

En este contexto, donde la contradicción principal claramente se expresa en la confrontación entre el imperialismo y las naciones y pueblos oprimidos, cabe preguntar por la importancia de una comuna socialista. ¿Por qué hablar de comunas? ¿Qué tienen que ver las comunas con la lucha urgente contra el imperialismo, que es evidentemente la lucha central hoy en día? Aún más preocupante, se podría señalar cómo el propio proyecto imperialista-sionista ha desplegado comunas, los kibutzim, para colonizar el territorio palestino, armándolos con milicias para extirpar y exterminar a los palestinos en su proyecto colonialista. Algunas de estas comunas kibutz fueron objetivos –objetivos legítimos, dado el derecho de un pueblo colonizado a luchar contra sus opresores– de la Operación Inundación de Al-Aqsa, liderada por Hamás en 2023[24].

---

24. Los kibutzim, en general, independientemente de los diversos motivos de las personas que participaron en ellos, forman parte de un proyecto colonialista con inevitables dimensiones militares. Por lo general, implican armar a los habitantes o utilizar equipos especiales de «seguridad». A partir de la década de 1980, la mayoría

También hay organizaciones comunitarias en otras partes del mundo que, aunque no son colonialistas como los kibutzim, tienen dificultades para ver más allá de su territorio autónomo, lo que dificulta su participación en proyectos más amplios de liberación nacional del dominio imperialista. Por todas estas razones, sería comprensible que las comunas socialistas no se consideren una prioridad en la lucha contra el imperialismo, el desafío central de nuestro tiempo.

Una persona que piensa de otra manera, y parece hacerlo con mucha convicción, es la gran revolucionaria palestina Leila Khaled. En noviembre de 2024, Khaled visitó Caracas en el marco de un acto antifascista y propalestino organizado por el Gobierno bolivariano. Una vez allí, se dirigió casi de inmediato a la comuna El Panal, en el barrio obrero 23 de Enero. Dirigiéndose a los comuneros y al público allí reunido, expresó su entusiasmo y admiración por la comuna. Señaló cómo ese proyecto de veinte años, al igual que otras comunas de Venezuela, estaba dando pasos concretos para garantizar la soberanía por la que su propio pueblo, al otro lado del océano, también luchaba en ese momento. A pesar de las agresiones de Estados Unidos, las comunas habían ayudado a los venezolanos a ser «libres en su territorio»[25]. Las palabras de Khaled fueron conmovedoras, y su antiimperialismo sincero y bien informado encontró eco entre los comuneros de El Panal, que señalaron las similitudes entre las luchas en Venezuela y Palestina. Algunos incluso expresaron su deseo de unirse al movimiento de

---

de los kibutzim abandonaron su dimensión igualitaria y su carácter socialista para privatizarse cada vez más a través de un proceso que se denominó eufemísticamente «reforma» y que condujo a la implantación generalizada de las relaciones salariales. Sobre los procesos de privatización en los kibutzim, véase Raymond Russell, Robert Hanneman y Shlomo Getz, *The Renewal of the Kibbutz: From Reform to Transformation* (New Brunswick, Nueva Jersey: Rutgers University Press, 2013).

25. Andreina Chávez Alava, «The Day Leila Khaled Visited a Venezuelan Commune», *Venezuela Analysis*, 6 de enero de 2025, *venezuelanalysis.com*. Aunque Leila Khaled pertenece a otra organización, el Frente Popular para la Liberación de Palestina defiende a Hamás, ya que considera que ambas organizaciones son parte integrante del movimiento de resistencia palestino en su conjunto.

resistencia palestino, siguiendo la larga tradición de internacionalismo militante del barrio 23 de Enero, pero Khaled consideró que su trabajo era tan importante que debían quedarse. Para Khaled y los comuneros de El Panal, el proyecto comunal que habían construido era prácticamente sinónimo de lucha antiimperialista. Sin embargo, la pregunta sigue siendo: ¿qué relación hay entre el antiimperialismo y la creación de una comuna socialista? ¿Cuándo y dónde se puede considerar que una comuna es antiimperialista, y cómo pueden encajar las comunas en la estrategia más amplia del antiimperialismo socialista que impulsan quienes son de izquierda, y en particular los marxistas, en todo el mundo? Estas son las preguntas que intentará responder este artículo.

Proyectos comunales contemporáneos

En todo el mundo, pero especialmente en América Latina, existe actualmente un gran interés por las comunas, al igual que, lo que es aún más importante, existen proyectos reales de construcción comunal. Algunos de los ejemplos más convincentes de esto último son los esfuerzos por construir el socialismo comunal o *socialismo comunitario* que han surgido en Venezuela y Bolivia, respectivamente. En Venezuela, el presidente Hugo Chávez propuso en 2009 que el socialismo venezolano –un proyecto iniciado tres años antes– se construyera sobre la base de las comunas como «células básicas» de autogobierno democrático y producción colectiva. En Bolivia, el «proceso de cambio» que comenzó en 2006 y que tiene sus raíces tanto en la resistencia indígena como en las luchas obreras del país también propuso una variante del socialismo comunitario. Vinculado al concepto del *buen vivir*, el socialismo boliviano se construiría apoyándose en las comunas indígenas, o *ayllus*, como una de sus principales «palancas». Se puede encontrar un paralelismo en el Movimiento de los Trabajadores Rurales Sin Tierra (MST) de Brasil, que lucha por la reforma agraria ocupando tierras y estableciendo posteriormente formas de vida y producción comunitarias denominadas *acampamentos* y *assentamentos*. Aunque es un movimiento social, el MST defiende desde hace mucho tiempo el objetivo de construir una nación soberana frente al imperialismo y, desde 1990, incluye el socialismo como uno de sus objetivos estratégicos. En mi opinión, estos son algunos de los ejemplos más prometedores.

Sin embargo, tanto el discurso como la práctica de la construcción de comunas pueden ser muy ambivalentes en relación con los proyectos de construcción socialista y liberación nacional. A veces, un proyecto comunitario que reivindica radicalmente la autonomía, a menudo influido por la teoría autonomista, posmoderna o anarquista, puede no lograr encarnar un proceso viable de liberación nacional frente al imperialismo, o puede dar la espalda a los ya existentes. Esto forma sin duda parte de la historia del neozapatismo (Ejército Zapatista de Liberación Nacional, EZLN) en Chiapas y es también una crítica frecuente a las comunidades autónomas kurdas[26]. Además, el trabajo a nivel comunitario suele ser promovido por organizaciones no gubernamentales precisamente para evitar cuestiones más amplias como la reforma agraria y la soberanía nacional frente al imperialismo. A continuación, con el objetivo de determinar cuándo y dónde una comuna socialista puede calificarse de antiimperialista, analizaré las propias

---

26. La autonomía territorial no era tanto el objetivo inicial del proyecto del EZLN como el desenlace. Cuando el EZLN lanzó su insurgencia, tenía el objetivo de intervenir en la política nacional, incluso aspirando a derrocar al Gobierno central, aunque sin tomar el poder. Desde el principio, el EZLN también logró gran simpatía y apoyo, tanto a nivel nacional como internacional, llegando a buscar una alianza con el Partido de la Revolución Democrática. Sin embargo, las circunstancias cambiantes y los reveses político-militares obligaron a la organización a conformarse con establecer un control autónomo sobre su territorio, lo que ha sido su postura a lo largo de este siglo, a pesar de iniciativas como La Otra Campaña de 2005. Fabiola Escárzaga, *La comunidad indígena insurgente: Perú, Bolivia, México* (1980-2000) (Coyoacán, México: UAM, 2017), 311-410. Leandro Vergaro-Camus, *Land and Freedom: The MST, the Zapatistas and Peasant Alternatives to Neoliberalism* (Londres: Bloomsbury Academic, 2014), 257-84.

reflexiones de Karl Marx sobre la comuna, que cobraron mayor importancia en su visión del cambio social en sus últimos años, tomándolas como un modelo de lo que es una comuna socialista y antiimperialista. Mi objetivo será mostrar cómo estas reflexiones de Marx, a pesar de estar más desarrolladas en su último periodo (1870-1883), están sin embargo conectadas con todo su aparato teórico y su proyecto. Ese proyecto implica una intervención revolucionaria en el Estado, seguida de una transformación de toda la economía y la sociedad, y es por su propia naturaleza opuesto al imperialismo. Así, si se asumen las comunas tal y como las defiende Marx, formarán parte de un despliegue estratégico anticapitalista y antiimperialista.

El argumento procederá mostrando, en primer lugar, cómo las reflexiones más conocidas de Marx sobre las comunas tradicionales o agrarias, como las que se encuentran en los *Cuadernos etnológicos* y en sus últimas cartas y borradores a Vera Zasulich, iban de la mano de su defensa de los pueblos colonizados y periféricos contra la expansión capitalista. Este es un aspecto del marxismo que Rosa Luxemburg recogió, con una sensibilidad impresionante hacia la cuestión colonial. Sin embargo, Marx fue más allá que ella al respaldar la comuna rural como base del socialismo en un proyecto de liberación nacional, aunque estableció condiciones muy claras para que esto pudiera suceder. En un segundo paso, mostraré cómo la afirmación de Marx de que la comuna podía ser un elemento constitutivo del socialismo, aunque sea más evidente en la obra de lo que puede llamarse el «Marx tardío» (1870-1883), no representa una ruptura con su *obra* en su conjunto. Muchos se han sentido tentados a celebrar este último periodo de Marx como algo muy distinto del resto de su obra, con ecos de la «ruptura epistemológica» que se atribuyó en su día al joven Marx[27]. Sin embargo, la defensa que Marx hizo en sus

---

27. Entre quienes destacan la novedad del Marx tardío se encuentran Enrique Dussel, Haruki Wada, Kohei Saito y (de manera matizada) Teodor Shanin. Saito

últimos años de la comuna rural surgió precisamente del núcleo central de la teoría marxista: la discusión de las relaciones de valor en su crítica de la economía política que llevó a cabo a mediados de siglo. Además, dado que el aparato teórico centrado en el valor de Marx se desarrolla para incluir otras categorías utilizadas para construir una crítica de la concentración del capital, la formación del monopolio y el mercado mundial, se deduce que la alternativa fundamental de Marx al intercambio de mercancías –que era la producción comunal desde al menos finales de la década de 1850– no puede separarse de su crítica plenamente desarrollada del capitalismo y su tendencia expansionista e imperialista. Tampoco puede separarse de las estrategias que Marx esbozó para la clase obrera en el sistema mundial capitalista, como el proyecto de emancipación nacional que, en su opinión, se encarnaba, aunque de forma imperfecta, en la Comuna de París. En la última sección, examinaré cómo las concepciones venezolana y boliviana del socialismo comunal o comunitario, cada una a su manera, coinciden con la visión estratégica marxista de un proyecto comunal, que no consiste en construir comunas aisladas o radicalmente autónomas, ni siquiera redes de comunas, sino en integrarlas en proyectos nacionales estratégicos que se oponen al imperialismo. Lo mismo ocurre con el proyecto del MST de una «reforma

incluso utiliza el término «ruptura epistemológica» para referirse a una supuesta ruptura que se produjo en Marx alrededor de 1867, sosteniendo que Marx se convirtió después en un «comunista del decrecimiento» e incluso abandonó el materialismo histórico. Kohei Saito, *Marx in the Anthropocene: Toward the Idea of Degrowth Communism* (Cambridge: Cambridge University Press, 2022), 208; Enrique Dussel, *El último Marx (1863-1882) y la liberación latinoamericana* (Ciudad de México: Siglo XXI, 1990); Haruki Wada, «Marx and Revolutionary Russia», y Teodor Shanin, «Late Marx: Gods and Craftsmen», ambos en *Late Marx and the Russian Road: Marx and the Peripheries of Capitalism*, ed. Teodor Shanin (Nueva York: Monthly Review Press, 1983). Para una visión alternativa, que enfatiza la continuidad, véase Derek Sayer y Philip Corrigan, «Late Marx: Continuity, Contradiction and Learning», incluido en *Late Marx and the Russian Road*. Marcello Musto también defiende la continuidad y cuestiona las posiciones de Dussel, Wada y Shanin en su obra *The Last Years of Karl Marx: An Intellectual Biography* (Stanford: Stanford University Press, 2016).

agraria popular» que hace hincapié en la organización comunal y el cooperativismo, pero que opera dentro de un marco general antiimperialista y anticapitalista.

El «Marx tardío» era un Marx tricontinental

Existen numerosas investigaciones que analizan el último período de Marx, en el que estudió y defendió las formas comunales como base posible para la construcción socialista. Algunos autores llegan incluso a aclamar esto como un descubrimiento, anunciando la aparición de un Marx nuevo y hasta ahora desconocido[28]. Sin embargo, a pesar de este entusiasmo por el último período de Marx, rara vez se destaca lo suficiente que las reflexiones de Marx sobre las comunas rurales en esa época se centraban casi siempre en la periferia del sistema mundial capitalista: el campo ruso, la aldea india, la comunidad campesina argelina y las comunidades indígenas de América del Norte y del Sur. El trabajo de Marx sobre la vida comunal rural durante su último período se encuentra disperso en notas, borradores y correspondencia. Por ejemplo, la discusión sobre la comuna rural rusa aparece en su «Carta al consejo editorial de *Otechestvennye Zapiski*» de 1877, en su carta y borradores a Vera Zasulich y en sus notas sobre la obra de Maxim Kovalevski. Sus reflexiones sobre la comunidad campesina argelina aparecen en una serie de cartas escritas durante el último viaje de Marx, realizado por motivos de salud, a la ciudad de Argel en 1882, y también en las notas sobre Kovalevsky. En este periodo, Marx también tomó notas sobre la tenencia de la tierra en la India, que había sido un tema que le interesaba desde hacía mucho tiempo, y sobre la organización social de los aborígenes australianos, basándose en

---

28. Véase la nota 27.

una obra etnográfica de Richard Bennett[29]. A pesar de la gran diversidad de estos materiales y de la amplitud de los estudios de Marx en esta época, todos ellos tienen algo en común: las formas comunales que estudiaba se encontraban en las fronteras de la expansión capitalista y, es importante añadir, eran lugares de resistencia anticolonial.

En sus notas sobre estas comunidades agrarias, Marx no solo destacaba cómo eran atacadas por el capitalismo en expansión, sino también su resistencia empedernida para defenderse de él. Señalaba constantemente la resistencia indígena, incluso cuando criticaba sin ambages a los colonizadores. En Argelia, Marx señaló cómo los colonialistas franceses, con su «arrogancia descarada», expropiaban a los árabes con el fin de proporcionar más tierras a los colonos franceses y «romper la fuerza de las uniones clánicas»[30]. Sin embargo, el pueblo argelino no se quedó pasivo, y Marx señaló con aprobación cómo su tenencia colectiva de la tierra había resistido tales embestidas. En cuanto a la India, Marx calificó la supresión de la propiedad comunal por parte de los colonizadores como «un acto de vandalismo inglés, que empuja a los nativos no hacia adelante, sino hacia atrás»[31]. Al mismo tiempo, Marx señaló constantemente que esas comunas rurales habían sobrevivido a todo tipo de invasores a lo largo de los siglos, y celebró las rebeliones indias contra aquellos a los que llamaba «perros británicos» y «asnos»[32]. Los estudios de Marx sobre la comuna campesina en Rusia son los más extensos que realizó sobre las comunidades agrarias en cualquier lugar[33]. Le llevaron a reco-

---

29. Musto, *The Last Years of Karl Marx*, 23.

30. Ibid., 109, 21.

31. Ibid., 66.

32. Ibid., 23.

33. Shanin señala que Marx tenía más información sobre Rusia, porque «Rusia estaba más cerca no solo geográficamente [que China y la India], sino en el sentido básico del contacto humano, el posible conocimiento del idioma y la disponibi-

nocer la posibilidad de que una comuna rural en un contexto periférico se podría convertir en un punto de apoyo para la construcción socialista. Sin embargo, también señaló que esto requeriría derrocar al Estado zarista, subordinado a las potencias occidentales, que solo fomentaba el crecimiento dependiente mediante «la domiciliación de ciertos negocios»[34]. Al comentar el interés del Marx tardío por las comunidades resistentes de Asia, África y América, el autor argentino Néstor Kohan sugirió que, en sus reflexiones sobre las comunidades rurales de la periferia, Marx estaba desarrollando un «Tricontinental» *avant la lettre*, en alusión a la conferencia antiimperialista organizada en la Cuba revolucionaria del siglo siguiente[35]. Este espíritu tricontinental, muy presente en Marx, es precisamente lo que falta en gran parte de lo que se publica sobre las últimas investigaciones de Marx sobre la comuna rural.

Aunque la mayoría de los intérpretes han restado importancia al carácter anticolonial de la obra tardía de Marx sobre las comunas, hay una marxista de segunda generación que siguió una línea de pensamiento análoga. Se trata de Rosa Luxemburg, que se interesó profundamente por los pueblos y las naciones de lo que hoy se denomina el Sur Global. Si las reflexiones de Luxemburg son muy similares a las del Marx tardío, es debido a su método, sus intereses y sus fuentes, ya que ella no tuvo acceso a las notas y borradores de los últimos años de Marx, que solo se hicieron públicos más tarde. La mayor parte de la obra de Luxemburg sobre las formaciones

lidad de datos y análisis, generados por los propios nativos». Shanin, *Late Marx and the Russian Road*, 19.

34. Es de suponer que la necesidad de sustituir al Estado zarista, dependiente y distorsionado, es parte de lo que llevó a Marx a simpatizar con el grupo vanguardista Narodnaya Volya, que intentaba derrocar revolucionariamente el zarismo. Sobre la simpatía de Marx por los populistas del grupo Narodnaya Volya, véase Shanin, *Late Marx and the Russian Road*, 20-21.

35. Esto ocurrió fuera de cámara en un programa de la Escuela de Cuadros, «Néstor Kohan: Marx frente al colonialismo», Escuela de Cuadros, vídeo de YouTube, 1:51:55, 7 de noviembre de 2023.

sociales y los modos de vida de los pueblos y naciones no capitalistas aparece en su libro poco reconocido *Introducción a la economía política,* basado en los cursos que impartió en la escuela del Partido Socialdemócrata (SPD) a partir de 1907. El libro ofrece un impresionante panorama de lo que hoy se denomina el Sur Global. Por ejemplo, examina la comunidad rural india y sus diversas manifestaciones, señalando que «la propiedad de la tierra correspondía simplemente a las comunidades campesinas indias que la habían trabajado durante milenios... una gran cultura social, en la que la tierra no es un medio para explotar el trabajo de otros, sino simplemente la base de la existencia de los propios trabajadores»[36]. El libro también analiza lo que Luxemburg denominó «comunismo agrario» en Perú y México, que según ella era la forma dominante en esos contextos precoloniales[37]. Cuando Luxemburg se centró en el norte de África, elogió las resistentes relaciones de propiedad comunal de los pueblos árabes y amaziges (bereberes) y su «tenaz resistencia» al «yugo del capital europeo»[38].

Siguiendo de cerca los pasos del Marx tardío (aunque en gran medida sin saberlo), Luxemburg también coincidió con él en dar una valoración global positiva de lo que ella entendía como ejemplos de comunismo originario o, en sus propias palabras, «instituciones comunistas». La contradicción entre esas formas comunales y la expansión capitalista también forma parte del relato de Luxemburg. Por ejemplo, señaló que la conquista colonial conduce a una «violenta abolición de la propiedad común» que da lugar a la destrucción de «la comunidad comunista»[39]. Su mensaje, que puede verse retrospectivamente a través del prisma de su lema *Socialismo*

---

36. Rosa Luxemburg, *Complete Works*, vol. 1, ed. Peter Hudis (Londres: Verso, 2013), 157.

37. Ibid., 155.

38. Ibid., 154.

39. Ibid., 249.

o barbarie, era que el capitalismo actúa de forma bárbara en su expansión por todo el mundo y en su trato a los pueblos no capitalistas y sus comunidades. Lejos de traer progreso, el efecto de la expansión capitalista era simplemente perjudicial, con «la aniquilación de los antiguos lazos y su sustitución por disputas, discordia, desigualdad y explotación»[40]. Lo que Luxemburg puso de relieve, y que resuena completamente en la obra tardía de Marx, es el carácter y el potencial anticolonial y antiimperialista de la comuna. Es decir, tanto el Marx tardío como Luxemburg examinaron las comunas rurales en las fronteras de la expansión capitalista –donde la dinámica de la expropiación se siente a menudo tanto como la explotación– y ambos teóricos entendieron que esas comunidades eran lugares de resistencia al capitalismo.

Núcleos del socialismo, pero con condiciones y contexto

Las investigaciones de Luxemburg se llevaron a cabo en un contexto extremadamente hostil, marcado por la actitud generalmente apologética de la dirección del SPD hacia el colonialismo[41]. Esto hizo que su defensa de los pueblos colonizados y su celebración de la resistencia que mantenían desde sus comunidades «comunistas» fueran aún más impresionantes. También era consciente de las posibles conexiones entre las luchas anticolonialistas en la periferia y las de la clase obrera en los países centrales, observando que la burguesía europea había percibido «una conexión entre los antiguos vestigios comunistas que ofrecían una resistencia tenaz en los países coloniales... y el nuevo evangelio [revolucionario] de... las masas proletarias en los

40. Luxemburg, *Complete Works*, vol. 1, 153.

41. Néstor Kohan, «Karl Marx y la dialéctica del Sur global», en *Marxismos y pensamiento crítico desde el Sur global*, eds. Néstor Kohan y Nayar López Castellanos (Buenos Aires: Ediciones Akal, 2023), 28-33.

viejos países capitalistas»[42]. Incluso se podría argumentar que las amplias reflexiones de Luxemburg sobre las comunidades de la periferia, para las que la expansión capitalista no era solo una cuestión laboral, sino una amenaza existencial, ponían implícitamente de relieve la agencia revolucionaria de los pueblos de la periferia y sus comunidades. Aun así, Luxemburg no dio el paso adicional de admitir que la comuna agraria o la comunidad indígena pudieran convertirse en los pilares de una nueva sociedad socialista. En este sentido, el análisis de Marx, quizá debido a la mayor importancia que concedía a la autodeterminación nacional, superó al de Luxemburg, ya que dio el paso de afirmar en sus últimos años que esas comunas tenían el potencial de ser fulcros («*points de appui*») de la regeneración social, o células del socialismo. Sin embargo, la realización de ese potencial estaba sujeta a algunas condiciones, si es que se daba, es decir, si la comuna rural contribuía al socialismo moderno.

¿De qué tipo de condiciones estamos hablando? Estas se ven más claramente en el análisis que Marx hace de la formación comunal existente que más estudió y sobre la que más información tenía: la *obshchina* de Rusia. Su punto de vista quedó expresado en la previamente mencionada «Carta al consejo editorial de *Otechestvennye Zapiski*» (1877), en la carta y los borradores a Zasulich (1881) y en el prefacio de 1882 a la traducción rusa del *Manifiesto comunista*, escrito por Friedrich Engels pero aprobado por Marx. En estos documentos, Marx se tomó el tiempo de esbozar cómo una comuna, con propiedad colectiva y cierto grado de autogobierno interno, podría encajar en una estrategia de transición socialista y liberación nacional en un país periférico. Una cuestión era la de las fuerzas productivas: Marx sostenía que la comuna debía incorporar los logros tecnológicos del sistema capitalista, para lo cual consideraba que la comuna rusa era especialmente adecuada porque, al ser una forma comunal tardía que no se basaba principalmente en las

42. Luxemburg, *Complete Works*, vol. 1, 163.

relaciones de parentesco, era «capaz de un desarrollo más amplio»[43]. Así, podía sustituir fácilmente «la agricultura fragmentada por una agricultura a gran escala, asistida por máquinas». Estas nuevas fuerzas productivas también eran importantes porque permitirían a la comuna pasar «del trabajo fragmentado al trabajo colectivo», siendo este último especialmente importante en la perspectiva de Marx sobre la producción comunal[44].

Una segunda cuestión era que las comunas debían estar conectadas entre sí. Según Marx, era «una característica debilitante» que las *obshchinas* existentes fueran «microcosmos localizados», e incluso sugirió que su aislamiento era la «base natural» del despotismo[45]. En tercer lugar, tenía que haber una revolución política que transformara el Estado existente y estableciera una nueva relación con las comunas en lo que era esencialmente un proceso de liberación nacional. Marx percibía que la Rusia de finales del siglo XIX era lo que hoy llamaríamos un «Estado dependiente». Al igual que muchos Estados del tercer mundo actual, el régimen zarista solo desarrolló «ciertas ramas del sistema capitalista occidental» que eran más «fáciles de aclimatar»[46]. En lugar de ayudar a las comunas rurales de Rusia, ese Estado dependiente fomentó una plaga de parásitos, usureros y capitalistas especulativos[47]. (Marx los llamaba «parásitos capitalistas», y coinciden aproximadamente con la burguesía compradora de las formaciones sociales del tercer mundo en nuestros tiempos).

---

43. Según Marx, la incorporación de la tecnología occidental a la comuna rusa era posible porque «existe en un contexto histórico moderno: [la comuna] es contemporánea de una cultura superior y está vinculada a un mercado mundial en el que predomina la producción capitalista». Shanin, *Late Marx and the Russian Road*, 102.

44. Marx pensaba que el proceso de pasar del trabajo fragmentado al colectivo se vería facilitado por la familiaridad de los campesinos rusos con las asociaciones cooperativas llamadas *artels*. Shanin, *Late Marx and the Russian Road*, 121-22.

45. Shanin, *Late Marx and the Russian Road*, 103.

46. Ibid., 115.

47. Ibid., 115.

En general, cuando examinamos el análisis relativamente desarrollado que Marx hace de la comuna rusa, podemos ver que Marx no veía en ella la *perfección* socialista, sino el *potencial* socialista. Reconoció que la comuna rural era un lugar de contradicciones internas –incluidas las jerarquías emergentes– que estaba en constante evolución. Por lo tanto, si Marx afirmaba que la obshchina podía ser un punto de partida para un sistema socialista, tenía cuidado de no caer en idealizaciones románticas ni aislarla de consideraciones estratégicas y geopolíticas[48]. Por ejemplo, reconocía la necesidad de sustituir las asambleas tradicionales de las comunas, las *volost*, encabezadas por ancianos, «por una asamblea campesina elegida por las propias comunas»[49]. Del mismo modo, condicionó su defensa de la comuna rusa a su integración en un proyecto estratégico, concretamente en un proceso revolucionario nacional, en el que debía estar arraigada. Esto se debía a que, como dijo Marx, «el desarrollo ulterior de la comuna se funde con el curso general de la sociedad rusa». La lapidaria conclusión de Marx fue: «Para salvar la comuna rusa, debe haber una Revolución Rusa»[50].

La crítica de Marx a la economía política apela al control comunal

La idea de que el Marx tardío representa a un Marx desconocido y distinto apunta a un deseo de dividir a Marx en dos[51].

---

48. El enfoque de Marx era distinto al de Lewis Henry Morgan, que se acercaba al ideal del «noble salvaje». En lugar de volver a una forma de vida pasada, Marx veía el socialismo como una «forma superior de sociedad». Véase Musto, *The Last Years of Karl Marx*, 30.

49. Shanin, *Late Marx and the Russian Road*, 111. Hay una crítica implícita al patriarcado en los comentarios de Marx sobre el *volost*, al que llamó «una asamblea de hombres barbudos».

50. Shanin, *Late Marx and the Russian Road*, 116.

51. Véase la nota 27.

Desde las fábricas de sueños del marxismo chic, a veces se nos anima a creer que existe un Marx más actual, ecológico (incluso «degrowth»), descolonial y comunitario, que surgió alrededor de 1870, y que puede contrastarse con el sombrío «Marx intermedio» que escribió sobre la clase, la economía política, el poder estatal y los partidos políticos, y que probablemente sea etapista y «estalinista» para colmo. Esta supuesta separación es sospechosa en sí misma. ¿No apunta acaso a un deseo de promover un Marx «actualizado», centrado en las comunidades, y separado tanto de la propia crítica de Marx al capitalismo como del análisis posterior del imperialismo por parte del marxismo? ¿No corre esto el riesgo de repetir el gesto por el que el Marx supuestamente más humanista de los *Manuscritos* de 1844 fue utilizado para alimentar corrientes del marxismo occidental que se distanciaron de las contribuciones y los procesos de aprendizaje del socialismo realmente existente, rechazando a menudo incluso la crítica marxista del imperialismo? Creo que sí. Sin embargo, también se basa en una interpretación textualmente espuria. El interés por la forma comunal se remonta a los inicios de Marx e impregna toda su obra madura[52]. Esto se puede ver claramente en la evolución de las reflexiones de Marx sobre el intercambio basado en el valor después de su primer contacto con la economía política, que tuvo lugar en la década de 1840. A medida que avanzaba el siglo y Marx comprendía la importancia del valor como *forma* social –lo que podemos ver en los manuscritos de los *Grundrisse* de 1857-1858–, postuló inmediatamente el intercambio comunal como la antítesis fundamental del intercambio de mercancías. A partir de ahí, comenzó a ver que sería necesaria alguna forma social basada en la producción,

---

52. Una expresión muy temprana de la defensa de Marx de los bienes comunes se encuentra en sus artículos de 1842 en defensa de los derechos de los campesinos de Renania a recoger leña en tierras comunales en el *Rheinische Zeitung*. Karl Marx y Frederick Engels, *Collected Works* (Nueva York: International Publishers, 1975), vol. 1, 224-63.

el intercambio y el consumo comunales para superar la forma social del valor.

Veamos cómo ocurre esto. Al principio de los *Grundrisse*, en el capítulo sobre el dinero, Marx expone la naturaleza social del valor. Observa cómo, en la sociedad contemporánea, el valor de cambio expresa el nexo social; representa la dependencia mutua y general de individuos que no tienen nada que ver entre sí, salvo como productores privados conectados a través del mercado[53]. El valor de cambio es un nexo social que se presenta al individuo como algo ajeno y objetual (como el dinero, que se puede llevar en el bolsillo, dice). Debido a este carácter objetual, Marx concluye: «La conexión social entre las personas se transforma en una relación social entre cosas»[54]. Sin embargo, Marx percibe inmediatamente que el vínculo comunal es la antítesis fundamental de esta situación. Observa que existe una relación inversa entre el control comunitario y el dominio del valor: «Cuanto menos poder social posee el medio de intercambio... mayor debe ser el poder de la comunidad». Aquí Marx yuxtapone dos sistemas esencialmente contrarios. Por un lado, está el *sistema del capital* donde existen relaciones mercantiles generalizadas con su socialidad indirecta, a través del intercambio de dinero y mercancías. Por otro lado, está el *sistema comunal*, en el que «la actividad productiva del trabajador y su participación en la producción están ligadas a una forma específica de trabajo y de producto»[55]. En estos acuerdos comunales, existe un trabajo directamente social debido a una planificación o control preestablecido sobre el trabajo y la distribución.

A partir de estas reflexiones, Marx comienza a desarrollar la idea de que la producción social en el futuro debe ser con-

53. En los *Grundrisse*, Marx aún no distinguía entre valor y valor de cambio.

54. Karl Marx, *Grundrisse: Foundations of the Critique of Political Economy* (Londres: Penguin, 1973), 157.

55. Ibid., 157.

trolada como un patrimonio común («Common Wealth», es la traducción habitual al inglés). Así, proyecta una situación poscapitalista futura en la que las «relaciones sociales [se convierten] en relaciones comunitarias [*gemeinschaftlich*, o basadas en la comunidad]... subordinadas a su propio control comunitario»[56]. Llama a esta futura configuración «producción comunal» y señala que se requiere trabajo directamente social, o «directamente general»[57]. Por lo tanto, lo que se propone es el intercambio organizado de *actividades* en lugar de la socialización indirecta y *post festum* que se logra en el intercambio de mercancías. A partir de estos pasajes y de sus escasos postulados sobre la sociedad futura, hay un trecho muy corto hasta la defensa que hace Marx de la comuna campesina rusa como punto de apoyo para la regeneración social[58]. Cabe señalar que, en estos mismos pasajes de los *Grundrisse* que contrastan el intercambio comunal con el intercambio privado, Marx mantiene constantemente una perspectiva sobre la totalidad del capitalismo. Apenas unas líneas después de exponer la yuxtaposición básica, Marx observa cómo el intercambio de mercancías y su división del trabajo conducen a «la aglomeración, la combinación, la cooperación, la antítesis de los intereses privados, los intereses de clase, la competencia, la concentración del capital, el monopolio, las sociedades anónimas... el comercio mundial... la dependencia del llamado mercado mundial y [el] sistema bancario y crediticio»[59]. Queda implícito, pues, que solo el fin del intercambio

56. Ibid., 162.

57. Ibid., 172.

58. Este artículo no aborda la célebre sección *Formen* de los *Grundrisse*, que trata de las formaciones sociales precapitalistas, ya que allí Marx analiza las formas comunales, considerándolos esencialmente propias del pasado, sin contemplar cómo podrían ser núcleos del socialismo moderno.

59. Karl Marx, *Grundrisse*, 159. El esbozo que Marx hace en los *Grundrisse* de su obra futura, que incluye libros proyectados sobre el Estado, el Comercio Internacional y el Mercado Mundial, también apunta a su enfoque totalizador.

privado y el restablecimiento de algún tipo de coordinación comunal de las actividades laborales evitarán la concentración del capital y la formación de monopolios, que es la base del imperialismo.

Aquí podemos ver la forma en que el intercambio privado de mercancías está conectado, desde muy temprano en Marx, con toda la estructura de la sociedad capitalista y, por lo tanto, también con el desarrollo posterior del capitalismo hacia la concentración del capital, la expansión, la financiarización y el imperialismo. Como dice Marx más adelante en los *Grundrisse*, «Las relaciones posteriores deben considerarse como desarrollos que surgen de este germen»[60]. Por el contrario, el intercambio comunal de actividades y los vínculos comunales que subordinan la producción al control colectivo se proponen como una alternativa metabólica al sistema alienado que conduce al monopolio y al crédito. (Este es precisamente el punto que Marx plantea al principio de los *Grundrisse* al insistir en que las contradicciones del capitalismo no pueden resolverse con el tipo de reforma bancaria o monetaria que proponían Pierre-Joseph Proudhon y sus seguidores). Estas últimas surgen de la alienación del trabajo y del proceso de trabajo que acompaña a la dinámica del intercambio generalizado de mercancías. Dado que la visión de Marx en estos pasajes va de lo micro-particular (control comunal frente al intercambio privado de mercancías) a lo macro-total, que incluye el comercio mundial, la expansión del mercado y el monopolio, se deduce lógicamente que la propuesta de Marx de un modelo alternativo de producción comunal –basado esencialmente en el control comunal de las actividades productivas– no puede separarse de su crítica del conjunto de la economía y la sociedad capitalistas, incluyendo sus formaciones estatales y monopolísticas y la rivalidad imperialista que se desarrolla en el mercado mundial.

---

60. Ibid., 310.

Es en la teorización de Marx en los *Grundrisse* donde el filósofo húngaro István Mészáros basaría sus argumentos sobre la necesidad de un *sistema comunal* para superar el *sistema de capital,* desarrollando tesis que más tarde servirían de inspiración al proyecto de Chávez de construir el socialismo comunal en Venezuela[61]. La obra principal de Mészáros, *Más allá del capital,* se centra en el capítulo 19 en la ley del valor, que se encuentra en el centro del sistema capitalista. Siguiendo a Marx, Mészáros sostenía que la ley del valor, que mide la riqueza social a través del tiempo de trabajo abstracto, solo puede ser superada por otra configuración social, por un enfoque que implica la participación de todos los miembros de la sociedad en una organización planificada del trabajo y que distribuye el tiempo disponible de manera racional[62]. ¿Cuál es el marco social para superar la regla impuesta del tiempo de trabajo abstracto? Mészáros destacó que Marx siempre insiste en que es la toma de decisiones *comunales* deliberadas la que supera la ley *social* genérica del valor que se impone a espaldas de los productores[63]. De ahí el *sistema comunal,* que Mészáros propuso como alternativa radical al del capital.

Sin embargo, es importante señalar que el enfoque de Mészáros sobre el sistema comunal –al igual que el que inspiró en Chávez, como veremos más adelante– nunca fue miope: nunca perdió de vista el panorama general. Ambos propusieron un proyecto comunal que, fiel al enfoque totalizador de Marx, pasaría de lo *micro* a lo *macro* e implicaba una estrategia global que exigía una revolución política (la introducción

---

61. Chris Gilbert, *Commune or Nothing!: Venezuela's Communal Movement and Its Socialist Project* (Nueva York: Monthly Review Press, 2023), 85-102.

62. István Mészáros, *Beyond Capital: Toward a Theory of the Transition* (Nueva York: Monthly Review Press, 1995), sección 19.5.1, 763-65.

63. Ibid., 19.1.1, 764.

de una nueva estructura de mando en el Estado) seguida de la construcción de un metabolismo social alternativo basado en las comunas que conduciría en última instancia a una transformación completa de toda la sociedad y a la abolición de todas las instituciones políticas alienadas. Dado que ese proyecto implicaba un enfoque global del sistema capitalista en su totalidad, también reconocía que las comunas formaban parte de una *estrategia de transición*, cuya aplicación tendría que tener en cuenta no solo el horizonte estratégico, sino también las realidades concretas de una situación particular, incluida la geopolítica mundial y las correlaciones de fuerzas locales. En este espíritu, Mészáros insistió en la necesidad de «estrategias históricamente específicas...» y aceptó que «la plena realización de esta visión marxista exige la articulación históricamente factible de las mediaciones materiales necesarias en su contexto global»[64].

Ni Mészáros ni Chávez mostraron ningún interés especial por el Marx tardío y sus comentarios sobre la comuna rural, a pesar de sus afinidades con esa línea de pensamiento[65]. Sin embargo, es un hecho que, tras esbozar el esquema básico de la producción comunal en los *Grundrisse* (al que más adelante se refiere como «producción por personas libremente asociadas» en *El capital*), Marx comenzaría, en la última década de su vida, a investigar ejemplos concretos de producción comunal tanto en comunas rurales históricas como vivas, incluyendo las del pueblo haudenosaunee, y también las comunas y comunidades argelinas, rusas e indias. Así es como llegamos al Marx tardío, que precisamente por esta razón nos negamos a separar del resto de su obra. Vale la pena señalar que existe una continuidad muy completa y a varios niveles entre el enfoque de Marx sobre las comunas en su etapa intermedia y en

64. Ibid., 19.3.1, 753; sección 19.5.3, 769.

65. Hay una breve discusión sobre la correspondencia de Vera Zasulich en *Beyond Capital* de Mészáros, sección 13.6, 487-488.

su etapa tardía. No solo se trata de una transición relativamente sencilla desde la propuesta de Marx de un control comunal de la producción social en los *Grundrisse* hasta su posterior defensa –coincidiendo con Nikolái Chernishevski– de la comuna rusa como fulcro de la regeneración social, sino que también es cierto que la alternativa comunal que propone tanto en sus escritos de la etapa intermedia como en los tardíos siempre permanece conectada con su crítica más amplia de las categorías capitalistas y de la totalidad del sistema capitalista (más tarde, imperialista).

La prueba de este segundo tipo de continuidad –la integración de la alternativa comunal en el proyecto más amplio– se encuentra en la insistencia del Marx tardío en que la comuna rusa, si quiere ser un punto de apoyo de la regeneración social, debe ir acompañada de una revolución política que implique la toma del poder estatal y la superación de la condición de dependencia. Por lo tanto, como se ha mencionado anteriormente, el Marx tardío no defendía la comuna rusa absolutamente autónoma en un estado de perfección, sino la comuna como parte de una revolución con dimensiones tanto nacionales como internacionales y llevada a cabo por la clase obrera organizada, muy probablemente en un partido político. Este aspecto del enfoque de Marx sobre la comuna rusa se hace particularmente evidente en el prefacio de 1882 a la traducción rusa del *Manifiesto Comunista*, que señala la necesidad de una «revolución proletaria» para que las comunas puedan sobrevivir y avanzar. También es relevante que Engels (con la aprobación de Marx) escribiera una crítica al escritor ruso Piotr Tkachev señalando que el Estado ruso existente no está simplemente «suspendido en el aire», como sostenía Tkachev, sino que está estructuralmente conectado con las clases dominantes[66].

---

66. Frederick Engels, «On Social Relations in Russia» (1875), in Karl Marx and Frederick Engels, Selected Works, vol. 2 (Moscow: Progress Publishers,1977), 388.

El enfoque geopolítico y fundamentalmente de clase de Marx sobre la comuna rural rusa también resuena en su enfoque algo anterior sobre la Comuna de París de 1871. En su análisis de la Comuna de París, que Marx calificó como «la forma política finalmente descubierta para llevar a cabo la emancipación del trabajo [es decir, de la clase obrera]», destacó que surgió de una lucha contra un poder extranjero y un gobierno capitulador[67]. Marx también hizo hincapié en la incompatibilidad de la comuna con la configuración existente del Estado (era la «antítesis del Imperio» a la que me refería en el epígrafe). Al igual que el Estado ruso, el Estado francés no estaba «suspendido en el aire», sino que era la «forma última del poder estatal» de la burguesía[68]. Por lo tanto, era un instrumento de dominación de clase que los trabajadores debían arrebatar y reconfigurar radicalmente[69]. Este tipo de continuidad entre las posiciones de Marx en 1871 y 1881 no es de extrañar, dados los argumentos a favor de la producción comunal que Marx había establecido en su obra madura sobre economía política. Esa visión totalizadora, que vinculaba el modelo productivo (comunal o privado) a toda la formación social, incluidas las estructuras nacionales e internacionales, es lo que llevó a Marx a celebrar que la Comuna de París hubiera formado un «gobierno verdaderamente nacional», uno de cuyos pilares fundamentales era el «pueblo armado», es decir, un ejército popular y soberano[70]. Es evidente que el carácter explícitamente político del proyecto, pese a su vigoroso internacionalismo, incluía la dimensión de la liberación nacional, lo que habría sido una

---

67. Marx, «The Civil War in France» (Third Address), in Karl Marx and Frederick Engels, *Writings on the Paris Commune*, ed. Hal Draper (New York: Monthly Review Press, 1971), 76.

68. Ibid., 72.

69. Por supuesto, el Estado tendrá que ser abolido en última instancia, pero esto requiere un proceso prolongado, durante el cual tendrá que existir un poder estatal transformado.

70. Marx, «The Civil War in France», 80.

razón clave para que coincidiera con la visión de Marx sobre cómo lograr la emancipación mediante la forma comunal[71].

Venezuela: «La comuna aislada es contrarrevolucionaria»

Es muy común –de hecho, es una de las expresiones más claras del eurocentrismo entre los intelectuales– declarar apresuradamente que los procesos de cambio en el Sur Global han terminado cada vez que se encuentran con el más mínimo revés. A los ojos de los intelectuales dominantes, estos procesos están en una espiral descendente eterna, como lo demuestra el coro de voces expertas siempre dispuestas a declarar el «fin de un ciclo» o el reflujo de la última ola progresista[72]. Sin embargo, en la mayoría de los casos, la revolución venezolana, que ya cuenta con 25 años, ha encontrado la manera de *ascender en espiral* en un proceso de reinvención creativa y autocrítica implícita. De hecho, nada podría ilustrar mejor la construcción de comunas como parte de una estrategia antiimperialista y socialista integral del tipo que Marx respaldaría que la forma en que el proceso bolivariano ha acumulado definiciones: se convirtió en *antiimperialista* en 2004, luego incorporó el *socialismo* en 2006 y, posteriormente, comenzó a utilizar las comunas como células básicas de su proyecto socialista an-

71. El carácter de clase de la Comuna de París se expresa en la afirmación de Engels de que era el modelo de la dictadura del proletariado en su introducción de 1891 a *La guerra civil en Francia* de Marx. Nótese que Marx defendió la Comuna de Paris, pero lo hizo de manera crítica, señalando, al igual que V. I. Lenin después de él, que no actuó con suficiente decisión, no fue lo suficientemente centralista, no fue *lo suficientemente* un gobierno nacional y, se supone, no tuvo *lo suficientemente* una visión estratégica. Engels, Introducción en Marx y Engels, *Writings on the Paris Commune*, 34.

72. La avalancha de artículos y simposios que proclamaban el «fin del ciclo progresista» o el retroceso de la Marea Rosada –un auténtico festival de *schadenfreude*– que se produjo a mediados de la década de 2010 sintetizó esta perspectiva eurocéntrica. Fue uno de los temas favoritos de la Latin American Studies Association y sus congresos.

tiimperialista en 2009-2010. Cabe destacar que, en el mismo momento en que Chávez propuso las comunas como pilares del socialismo, también rechazó cualquier idea de un proyecto comunal autónomo, al indicar que la comuna aislada era «contrarrevolucionaria». Eso fue en *Aló Presidente Teórico* n.º 1, en 2009[73]. Además, al año siguiente, el Gobierno promulgó la idea de que las comunas debían estar conectadas en ciudades comunales, federaciones y, finalmente, el «Estado comunal»[74]. Así pues, queda claro que, al igual que Marx veía la forma comunal como parte de un sistema global que era la antítesis del sistema basado en el intercambio de mercancías, que también incluía el monopolio, los mercados globales y el imperialismo, la comuna venezolana era un componente orgánico de una estrategia revolucionaria antiimperialista y socialista. Era una continuación, una espiral ascendente, de un proyecto nacional antiimperialista y, por lo tanto, una continuación del esfuerzo de liberación nacional que había sido parte integral del proceso bolivariano desde sus inicios. Es revelador que, cuando Chávez acuñó el lema «¡Comuna o nada!», estaba haciendo eco conscientemente del lema de Simón Bolívar «¡Independencia o nada!». La implicación era que la construcción de la comuna sería la garantía de la independencia y la soberanía, mientras que la opción *nada* que se evitaba incluía la perspectiva de la dominación imperialista[75].

El carácter antiimperialista de la comuna venezolana se vería corroborado en los años posteriores a la muerte de Chávez. Esto era cierto, en primer lugar, en un sentido económico. Bajo los devastadores efectos de las sanciones y la guerra económica de Estados Unidos contra Venezuela, que comenzaron en la

---

73. Hugo Chávez Frías, *Aló Presidente Teórico*, n.º 1, 6 de septiembre de 2009, transcripción en todochavez.gob.ve.

74. Ley Orgánica del Poder Popular, *Gaceta Oficial de la República Bolivariana de Venezuela*, 21 de diciembre de 2010.

75. Gilbert, *Commune or Nothing*, 27-39.

década de 2010, la comuna se convirtió en el lugar donde se garantizaba la reproducción social de muchos venezolanos, ya que se desarrollaron procesos viables de producción e intercambio solidario tanto dentro de las comunas como entre ellas para superar los efectos de la escasez impuesta por el bloqueo. Esto es lo que Cira Pascual Marquina y yo documentamos en nuestra serie de libros *Resistencia comunal,* que analiza las respuestas de las comunas al bloqueo[76]. Sin embargo, la comuna venezolana no solo fue un bastión *económico* de base, sino también *político*[77]. En gran medida, fue desde las comunas que se reafirmó el proyecto socialista en Venezuela a través de una serie de pasos que implicaron la construcción de la Unión Comunera y otras agregaciones comunales[78].

Sin embargo, la expresión más reveladora del potencial antiimperialista de la comuna venezolana se produjo en la primavera y el verano de 2024, cuando las comunas se convirtieron en la fuerza popular a la que recurrió el presidente Nicolás Maduro ante el grave ataque imperialista que se produjo en el contexto de las últimas elecciones presidenciales. En ese momento, cuando la otrora poderosa corriente proempresarial del ministro de Petróleo, Tarek Al Asami, estaba en caída libre, el proyecto comunal volvió a convertirse en el pilar explícito de la estrategia nacional del Gobierno. Entendida correctamente, se trataba de una estrategia cuya continuidad había sido *políticamente posible* gracias a la firme negativa del Gobierno a ceder a las exigencias imperialistas y a su creatividad para sobrevivir al bloqueo, mientras que se hizo *socialmente posible* gracias al trabajo de base desarrollado por las comunas. De este modo, el potencial del poder estatal transformado para fo-

76. Chris Gilbert y Cira Pascual Marquina, serie de libros *Resistencia Comunal* (Caracas: Observatorio Venezolano Antibloqueo, 2021-2025).

77. Cira Pascual Marquina y Chris Gilbert, *Venezuela, The Present as Struggle: Voices from the Bolivarian Revolution* (Nueva York: Monthly Review Press, 2020).

78. Gilbert, *Commune or Nothing!,* 126-39.

mentar y beneficiarse del poder popular –una de las lecciones más importantes de la Revolución Bolivariana– se reafirmó en la «alianza comuna-Estado», que proporcionó la clave para resistir al imperialismo[79]. La centralidad de las comunas en el nuevo bloque revolucionario se vería reforzada y ratificada por la implementación de procesos de consulta comunal trimestrales a principios de 2024, la ampliación del apoyo financiero a las comunas y una reforma constitucional prevista para 2025 que les otorgaría más poderes[80].

Proyectos comunales paralelos en Bolivia y Brasil

Al igual que el proyecto comunal venezolano, los promovidos por el MST en Brasil y en el *proceso de cambio* boliviano también coinciden en líneas generales con la estrategia comunal marxista, dada su orientación tanto socialista como antiimperialista. El proyecto boliviano de socialismo comunitario tiene raíces que se remontan mucho antes de que Evo Morales Ayma asumiera la presidencia en 2006. Su partido, el Movimiento al Socialismo (MAS), se concibió como un *instrumento político* de los movimientos sociales y se basó especialmente en las luchas indígenas y campesinas, donde se había defendido durante mucho tiempo la comunidad indígena *ayllu* como

79. El enfoque de la Revolución Bolivariana, que hace hincapié en la construcción del poder popular a través de una relación dialéctica y bidireccional con el Estado, contrasta con los principios autonomistas del neozapatismo.

80. Desde mayo de 2024 se celebran procesos de consultas comunales trimestrales. Estos consisten en la organización de elecciones en las comunas para determinar el uso de los fondos estatales para proyectos que los miembros de la comuna han debatido en asambleas organizadas previamente. A finales de 2024, el Gobierno se comprometió a aportar 600 millones de dólares a las cinco mil comunas y circuitos comunales del país (un «circuito comunal» es esencialmente una comuna en formación). El proceso de consultas ha sido importante porque, para las comunas existentes, aumenta la participación y ratifica la comuna ante su base social. Para las comunas que aún se encuentran en proceso de formación, las consultas sirven como un fuerte incentivo para que los miembros de las comunidades sigan adelante con el proceso de consolidación de la comuna.

unidad organizativa, a veces en coordinación con el modelo sindical o como alternativa al mismo[81]. El propio Morales había entrado en la escena política como líder de un movimiento *cocalero* (cultivadores de coca), siempre bajo la mirada de la «guerra contra las drogas» estadounidense. Esto significó que su liderazgo dio un claro sesgo antiimperialista al proyecto, al tiempo que aportó la práctica crucial de traducir siempre los problemas económicos y sociales locales en nacionales e internacionales[82]. A nivel teórico, fue el vicepresidente de Morales, el teórico marxista y exguerrillero Álvaro García Linera, quien desarrolló las conceptualizaciones más ambiciosas del socialismo comunitario.

La trayectoria de las reflexiones de García Linera sobre la comuna y la construcción socialista revela paralelismos sorprendentes con la evolución del proyecto venezolano. Como miembro del Ejército Guerrillero Túpac Katari (EGTK) en los años ochenta y noventa, García Linera comenzó a estudiar detenidamente la forma comunal en los últimos textos de Marx, como las notas recopiladas en el *Cuaderno Kovalevsky*, publicado por su organización clandestina en 1989 (traducido del inglés por la militante del EGTK Raquel Gutiérrez)[83]. Como

81. El objetivo de ser un instrumento político de los movimientos sociales queda reflejado en el nombre completo del partido MAS: Movimiento al Socialismo - Instrumento Político por la Soberanía de los Pueblos. La década de 1970 vio un auge de los movimientos indígenas en Bolivia, en los que ocupaba un lugar destacado la memoria de Túpak Katari, un revolucionario aimara de finales del siglo XVIII. Fundado en 1986, el movimiento Ayllus Rojos, de Felipe Quispe Huanca, promovió las formas de organización indígenas y también la autodeterminación de las comunidades. Otro hito importante se produjo en 1988, cuando la Confederación Sindical Única de Trabajadores Campesinos, una organización campesina muy influenciada por el *katarismo*, dio un paso al frente para defender el «poder comunal». Fabiola Escárzaga, *La comunidad indígena insurgente*, 217-18, 230-32.

82. Soledad Valdivia Rivera, *Political Networks and Social Movements: Bolivian State-Society Relations under Evo Morales 2006-2016* (Nueva York: Berghahn Books, 2019), 138, 145.

83. Karl Marx, *El Cuaderno Kovalevsky*, trad. Raquel Gutiérrez (La Paz: Ofensiva Roja, 1989); Karl Marx, «Excerpts from M. M. Kovalevsky», en Lawrence Krader, *The Asiatic Mode of Production* (Assen, Países Bajos: Van Gorcum, 1971), 343-412.

teórico comprometido, García Linera estableció una conexión entre las afirmaciones de Marx sobre la comuna campesina rusa y la comunidad andina del *ayllu* en el contexto boliviano. Evitando la idea dogmática ampliamente aceptada por la izquierda boliviana de que los *ayllus* eran simplemente formas feudales atrasadas y, por lo tanto, debían ser disueltos, García Linera siguió al Marx tardío al afirmar que podían convertirse en una «fuerza revolucionaria» en el movimiento socialista[84]. Al principio, la visión del Estado de García Linera era simplemente la de un antagonismo entre la comunidad y el Estado[85]. Sin embargo, pronto se dio cuenta de que las comunidades no podían seguir siendo singularidades geográficamente separadas, sino que debían coordinarse en un proyecto estratégico que empleara el poder del Estado a medio o incluso largo plazo.

En 1997, García Linera proponía que un aparato estatal transformado podría fortalecer el potencial de las comunidades[86]. De este modo, el futuro vicepresidente, respondiendo a los acontecimientos con análisis concretos, llegó a situar su defensa del «fulcro socialista» de la comunidad en una estructura más amplia que incluía la situación geopolítica y un aparato estatal reconvertido. A principios de siglo, había reconocido la importancia de incorporar a diversos sectores sociales al «blo-

---

84. Álvaro García Linera, «Introducción al *Cuaderno Kovalevsky*» (1989), en Karl Marx, *Comunidad, nacionalismos y capital: Textos inéditos* (La Paz: Vicepresidencia del Estado Plurinacional de Bolivia, 2018), 22, 37-38.

85. J. Fabian Cabaluz y Tomás Torres López, *Aproximaciones al marxismo latinoamericano: teoría, historia y política* (Santiago de Chile: Ariadna ediciones, 2021), 93. Cabaluz y Torres demuestran que García Linera nunca coincidió plenamente con el enfoque autonomista de Gutiérrez y el grupo de intelectuales bolivianos *Comuna*, alejándose cada vez más de sus posiciones a medida que avanzaba el siglo XXI.

86. Álvaro García Linera, *Forma Valor y Forma Comunidad: Aproximación teórica-abstracta a los fundamentos civilizatorios que preceden al Ayllu Universal* (La Paz: CLASCO/Muela del Diablo Editores, 2009 [1997]), 203-29. Para más información sobre su visión transformada del Estado, véase la conferencia de García Linera en la Sorbona sobre Nicos Poulantzas: «Estado, democracia y socialismo», en Álvaro García Linera, *Socialismo comunitario: un horizonte de época* (La Paz: Vicepresidencia del Estado, 2015), 34-66.

que plebeyo» revolucionario, trascendiendo así lo que quedaba de la visión estrictamente autonomista de la comuna que pudo haber tenido en algún momento. Es evidente que, para el García Linera maduro, la comunidad que defendía no se concebía como algo aislado –como la hipotética comuna «contrarrevolucionaria» contra la que había advertido Chávez–, sino como parte de un proyecto nacional que buscaba la liberación del imperialismo. Asimismo, tomó conciencia de que se necesitaría un largo período de transición, al que se refirió en 2010 como «un puente»[87]. Desde la perspectiva actual, podemos ver cómo el proyecto boliviano, basado en el «socialismo comunitario» como orientación estratégica, ha logrado importantes avances en varios ámbitos. Entre ellos figuran los derechos de las mujeres y los indígenas, el logro histórico de una Constitución que establece Bolivia como Estado plurinacional y la nacionalización de los hidrocarburos, entre muchos otros avances. Sin embargo, los avances en la realización concreta del socialismo comunitario se han visto obstaculizados por el golpe de Estado de 2019 y sus duraderas secuelas, así como por las dificultades de sus dirigentes para proyectar un programa que vaya más allá de los diversos mandatos provenientes de su base social, a veces fragmentada.

El proyecto del MST en Brasil también apunta a un amplio horizonte estratégico que va más allá de los proyectos comunales encarnados en sus ocupaciones de tierras. Aunque el movimiento comenzó a mediados de la década de 1980 con el objetivo inmediato de promover la reforma agraria mediante la apropiación directa de terrenos baldíos y subutilizados (seguida de la gestión colectiva en *acampamentos* y *asentamientos*), nunca se ha separado de la esfera política[88]. En 1990, el

87. Álvaro García Linera, «Socialismo Comunitario: Un aporte de Bolivia al mundo», *Revista Análisis* 3, n.º 5 (7 de febrero de 2010): 7.

88. En el proceso de ocupación de la tierra, el MST establece primero un *acampamento* donde los campesinos sin tierra se preparan, planifican y, a menudo, ocupan una parte de la tierra que pretenden obtener. Una vez que el Estado reconoce

movimiento, que ahora cuenta con un millón de miembros, dio el paso de declararse socialista y siempre ha defendido la soberanía nacional frente al imperialismo («*Terra, Trabalho e Soberania Nacional*» es uno de los principales lemas de la organización). Del mismo modo, el MST ha buscado relaciones simbióticas con partidos progresistas (principalmente el Partido dos Trabalhadores, pero también el Partido Socialismo e Liberdade) y gobiernos a nivel regional y nacional cuando estos están en manos progresistas. Además, a lo largo de sus cuatro décadas de existencia, el MST ha evolucionado desde centrarse en una lucha concreta –esencialmente la «cuestión agraria»– hasta llegar a cuestionar la totalidad del sistema capitalista-imperialista. Al mismo tiempo, ha llegado a comprender que esto requiere organizar a toda la clase trabajadora brasileña, tanto urbana como rural (véase nuestra entrevista con João Pedro Stedile en este número). Un ejemplo de un proyecto político estratégico asumido por el MST en los últimos años fue la larga y costosa lucha que organizó para liberar a Luiz Inácio Lula da Silva de la prisión en el estado de Paraná, lo que hizo posible su exitosa campaña presidencial de 2022. Ese proyecto fue una intervención en la política nacional que fue más allá de cualquier objetivo economicista o local limitado, y condujo a la derrota del candidato fascista.

Estrategias antiimperialistas integrales

Los tres movimientos que hemos examinado tienen mucho en común, a pesar de sus diferentes contextos e historias. El diálogo entre movimientos es sin duda un factor importante que ha contribuido a su desarrollo paralelo y a sus objetivos estratégicos comunes. Aun así, uno podría preguntarse por

su posesión de la tierra, esta se convierte en un *assentamento* (asentamiento) permanente.

la sorprendente combinación del trabajo comunitario de base con el antiimperialismo estratégico en estos proyectos latinoamericanos tan distintos. De hecho, esta combinación representa una larga tradición en América Latina. Hace casi un siglo, José Carlos Mariátegui, a menudo considerado el fundador del marxismo latinoamericano, declaró que *el socialismo* era la forma que adoptaría el antiimperialismo latinoamericano. En un contexto marcado por la intervención imperialista en Nicaragua a finales de la década de 1920, Mariátegui escribió: «A Norteamérica capitalista, plutocrática, imperialista, sólo es posible oponer eficazmente una América latina... socialista»[89]. Mariátegui estableció así un estrecho vínculo entre el antiimperialismo y los proyectos socialistas en el continente, cuyo carácter comunal también destacó[90]. Este vínculo se ha mantenido hasta el presente. De hecho, como hemos visto, los tres proyectos examinados anteriormente ejemplifican la afirmación del marxista peruano al llevar a cabo sus construcciones comunales socialistas dentro de un horizonte antiimperialista estratégico, un horizonte que incorpora la liberación nacional.

En lo que precede, hemos intentado responder a la pregunta: «¿Cuándo y dónde es una comuna antiimperialista?». Nuestra respuesta siguió la línea general de razonamiento de Marx al establecer las condiciones y el contexto para una comuna antiimperialista. En primer lugar, observamos cómo las comunas realmente existentes que Marx examinó y defendió se encontraban en su mayoría en situaciones de dependencia o coloniales, y él las consideraba lugares de resistencia al co-

89. Eds. Harry E. Vanden y Marc Becker, *José Carlos Mariátegui: An Anthology* (Nueva York: Monthly Review Press, 2011), 129.

90. Mariátegui creía que el «socialismo práctico» existía en los *ayllu* y sostenía que debía ser la base para construir el socialismo en ese contexto. José Carlos Mariátegui, *Siete ensayos de interpretación sobre la realidad peruana* (Caracas: Biblioteca Ayacucho, 1979). Véase especialmente el capítulo titulado «El problema de la tierra».

lonialismo. En la comuna rural que investigó más a fondo, la rusa, Marx estableció las condiciones –entre las que destaca la necesidad de un proyecto revolucionario nacional– que se requerían para que una comuna se convirtiera en una célula del socialismo moderno. A continuación, analizamos cómo la investigación de Marx sobre las comunas, aunque se desarrolló con mayor intensidad en su último periodo (1870-1883), no representó un cambio importante en su pensamiento, sino que fue una continuación de los resultados de su obra madura sobre economía política. Vimos cómo, ya en el manuscrito de los *Grundrisse* (1857-1858), Marx reconocía que las relaciones comunales eran la antítesis a las relaciones de intercambio basadas en las mercancías. Señaló cómo habían existido antes del capitalismo, pero también dedujo que alguna forma de producción comunal restaurada formaría parte de la futura sociedad emancipada.

Esto significaba que las comunas podían utilizarse para construir el socialismo y, allí donde ya existían, podían incorporarse al proyecto socialista. Sin embargo, Marx se dio cuenta, tanto en ese momento como más tarde, de que para ello sería necesario tener en cuenta todo el desarrollo del capitalismo, incluyendo el Estado, la banca, el crédito y el mercado mundial. También requeriría una estrategia integral que incluyera elementos de geopolítica, como la oposición a la expansión agresiva del capitalismo en el mundo, que en nuestra época se ha convertido en expansión imperialista y exterminio. Por lo tanto, si las comunas se utilizan como células del socialismo tal y como propuso Marx, formarán parte de una estrategia antiimperialista que no ignora la necesidad de intervenir y emplear el poder estatal. En conclusión, hemos visto cómo varios proyectos latinoamericanos son fieles a esta visión, combinando la construcción comunal con una visión antiimperialista y socialista. Sin embargo, para cerrar el círculo y salir de América Latina, también está muy claro que, en marcado contraste con los kibutzim colonialistas que en realidad son funcionales al imperialismo, es toda la resistencia armada palestina unida (incluyendo Hamás), con su heroica lucha contra el imperialismo y su insistencia en la liberación nacional, la que se acerca más al ideal estratégico marxista de la comuna. Esto es lo que percibieron los comuneros de El Panal durante la visita de Khaled a su *barrio*, y tenían razón.

Texto original: «Socialist Communes and Anti-Imperialism: The Marxist Approach», *Monthly Review*, vol. 77, n.º 3, julio-agosto de 2025. Txalaparta ha publicado este artículo con el permiso del autor mediante una licencia de Creative Commons.

Biografías

Luismi Uharte

Iruñea, 1974

Profesor de antropología política y económica de la Universidad del País Vasco (EHU). Militante internacionalista y de la «trinchera» de los cuidados (hijos, madre...). Investigador del área de estudios de América Latina del grupo de investigación Parte Hartuz y del Instituto Gezki (EHU). Residió en Venezuela de 2005 a 2009, donde realizó su tesis doctoral sobre las nuevas políticas sociales del Gobierno de Chávez, además de participar en el movimiento popular del 23 de Enero en Caracas (en la Coordinadora Simón Bolívar) y como voluntario de las misiones educativas. Autor del libro *El Sur en Revolución. Una mirada a la Venezuela bolivariana.* Lleva más de dos décadas investigando y escribiendo sobre la Revolución Bolivariana (sobre las comunas, el poder popular y los nuevos modelos de democracia).

Ximena González Broquen

Caracas, 1977

Es doctora en Estudios Políticos y Filosofía por la Escuela de Altos Estudios en Ciencias Sociales (EHESS) de Francia y licenciada en Filosofía por la Universidad Panteón Sorbona.

Es especialista por CLACSO en Epistemologías del Sur (2019), Estudios Afrolatinoamericanos y Caribeños (2021), Políticas Públicas y Justicia de Género (2020) y Políticas del cuidado con perspectiva de género (2022). Actualmente se desempeña como investigadora y jefa del Centro de Estudio de Transformaciones Sociales del Instituto Venezolano de Investigaciones Científicas (IVIC), es coordinadora de la Licenciatura de Filosofía de la Universidad de las Ciencias Dr. Humberto Fernández Morán y representante de Venezuela en el Comité Directivo de CLACSO. Cuenta con una amplia trayectoria académica: ha publicado más de 20 artículos y 25 capítulos de libros, ha editado obras colectivas, participado en numerosos eventos científicos, coordinado proyectos de investigación y formación, y dirigido tesis de maestría y doctorado.

Arantxa Tirado Sánchez

Barcelona, 1978

Es politóloga, doctora en Relaciones Internacionales por la Universitat Autònoma de Barcelona (UAB), así como maestra y doctora en Estudios Latinoamericanos por la Universidad Nacional Autónoma de México (UNAM). Ha residido en México, Venezuela y Costa Rica, además de haber realizado estancias de investigación en Cuba y Canadá. Es autora de los libros *Venezuela. Más allá de mentiras y mitos* (Akal, 2019); *El lawfare. Golpes de Estado en nombre de la ley* (Akal, 2021); y coautora, con Ricardo Romero Laullón *Nega*, de *La clase obrera no va al paraíso. Crónica de una desaparición forzada* (Akal, 2016). Actualmente es profesora asociada del Departamento de Ciencia Política y Derecho Público en la UAB y colaboradora en diversos medios de comunicación.

Eneko Compains Silva

Iruñea, 1981

Militante de la Izquierda Abertzale. Expreso político vasco (2010-2012). Desde 2013, es profesor de Derecho Constitucional en la Universidad del País Vasco (EHU), donde se doctoró con una tesis sobre el *Nuevo Constitucionalismo Latinoamericano* y los procesos constituyentes en Venezuela, Bolivia y Ecuador. Su primera relación con Venezuela fue a través de Askapena, en calidad de brigadista en el popular barrio 23 de Enero de Caracas. En 2015 realizó una estancia de investigación de dos meses en el Instituto de Derecho Público de la UCV. Desde entonces, ha venido participado en distintos foros internacionales en el país, como el de la Asamblea Constituyente de 2017, el Foro de Sao Paulo 2019 y otros. Participó también como acompañante electoral en las elecciones presidenciales de 2024, invitado por el Instituto Simón Bolívar.

Laura Arroyo

Lima, 1986

Es periodista, comunicadora política y cantautora. Estudió Lingüística Hispánica en la Pontificia Universidad Católica del Perú y se especializó en periodismo político y análisis cultural en universidades de Perú y España. Es la directora y presentadora del programa de tertulia política *El Tablero* en Canal Red y miembro del equipo de *La Base* en el mismo medio. Además, es analista política en Televisión Española, en los programas *La hora de la 1* y *Mañaneros*, y es una de las pocas (si no la única) voces migrantes en la televisión pública de España. Se ha desempeñado como asesora política en campañas electorales y es conocida por sus opiniones críticas sobre diferentes temas nacionales e internacionales con énfasis en antiimperialismo y antirracismo. Además de su trabajo en comunica ción política, es cantautora y ha publicado los álbumes *Niebla* (2021), *Refugio* (2022) y su más reciente producción basada en la experiencia de la migración *Himno Tierra* (2025).

María Fernanda Barreto

Cali (Colombia), 1972

Militante colombo-venezolana. Migró a Venezuela en su infancia y creció en la frontera de ambos países. Directora de la Plataforma Comunicacional *Huele a Azufre.* Analista geopolítica, escritora y educadora popular, feminista y especialista en comunicación política. Es articulista de diversos medios digitales y sus artículos y análisis han sido traducidos a más de cinco idiomas. Es también productora, guionista y presentadora de programas políticos de televisión. Servidora pública del Gobierno Bolivariano durante más de veinte años, se ha desempeñado en altos cargos en las áreas de agricultura y pesca, agroindustria, planificación, trabajo, mujer e igualdad de género, cultura y solidaridad. Es autora de *Nuestra América en palabras. 10 entrevistas para comprender la guerra y construir la Paz,* y coautora de *Más allá de los monstruos* y *Venezuela, la joya de la corona,* entre otros proyectos editoriales.

Fernando Casado Gutiérrez

Córdoba (Estado español), 1978

Licenciado en Derecho por la Facultad de Granada, realizó una maestría en Derechos Humanos y Democratización en el European Inter-University Centre for Human Rights and Democratization en Venecia (Italia) en el año 2004. Se doctoró en el año 2012 en la Facultad de Comunicación de La Laguna en España con la tesis *Venezuela en la prensa internacional:*

procesos de información y desinformación. En la actualidad se desempeña como profesor en diversas universidades de América Latina y España. Ha escrito numerosos libros y artículos comprometidos con los procesos de cambio social y la defensa de los derechos humanos.

Chris Gilbert

Virginia (EE. UU.), 1966

Es profesor de estudios políticos en la Universidad Bolivariana de Venezuela y *contributing editor* de la revista *Monthly Review*. Es autor de *Commune or Nothing! Venezuela's Communal Movement and Its Socialist Project* (Monthly Review Press, 2023), coautor de *Venezuela, the Present as Struggle: Voices from the Bolivarian Revolution* (Monthly Review Press, 2020) y de la serie *Resistencia comunal frente al bloqueo imperialista* (Observatorio Venezolano Antibloqueo, 2021-2026). Es fundador y coconductor de *Escuela de Cuadros*, un programa televisivo y pódcast de formación marxista.

Este libro,
VENEZUELA, DEL BLOQUEO AL ASALTO,
se terminó de diseñar, componer y maquetar en Elo,
utilizándose la familia tipográfica Celeste
creada digitalmente por Chris Burke en 1990,
un mes después del secuestro del presidente Nicolás Maduro
y su esposa Cilia Flores por parte de Estados Unidos,
en pleno recrudecimiento de la agresión imperial contra Venezuela.

Aurkeztu dizugun liburuaren eduki, itxura edo inprimaketari buruzko iritzia guri helarazi nahi izanez gero, bidal iezaguzu. Zinez eskertuko dizugu.

La editorial le quedará muy reconocida si usted le comunica su opinión acerca del libro que le ofrecemos, así como sobre su presentación e impresión. Le agradecemos también cualquier otra sugerencia.

EDITORIAL TXALAPARTA S.L.
Calle Mayor 63
31001 Iruñea
NAFARROA
Tfno.: 948 70 39 34
info@txalaparta.eus
www.txalaparta.eus